Wolfgang Milan

Ländliche Holzbaukunst

Alte Vorbilder für Balkone, Türen, Zäune, ...

Leopold Stocker Verlag
Graz – Stuttgart

Umschlaggestaltung:
DSR Werbeagentur Rypka GmbH, 8143 Dobl/Graz, www.rypka.at
Titelbild: Wolfgang Milan

Bildnachweis: Mit gekennzeichnete Abbildungen wurden uns freundlicherweise vom Österreichischen Freilichtmuseum in Stübing, die übrigen Abbildungen freundlicherweise vom Autor zur Verfügung gestellt.
Hintergrundbilder der Kapiteleinstiege: www.freeimages.com/artunet

Bibliografische Information der Deutschen Nationalbibliothek
Die Deutsche Nationalbibliothek verzeichnet diese Publikation in der Deutschen Nationalbibliografie; detaillierte bibliografische Daten sind im Internet unter http://dnb.d-nb.de abrufbar.

Hinweis: Dieses Buch wurde auf chlorfrei gebleichtem Papier gedruckt. Die zum Schutz vor Verschmutzung verwendete Einschweißfolie ist aus Polyethylen chlor- und schwefelfrei hergestellt. Diese umweltfreundliche Folie verhält sich grundwasserneutral, ist voll recyclingfähig und verbrennt in Müllverbrennungsanlagen völlig ungiftig.

Auf Wunsch senden wir Ihnen gerne kostenlos unser Verlagsverzeichnis zu:
Leopold Stocker Verlag GmbH
Hofgasse 5 / Postfach 438
A-8011 Graz
Tel.: +43 (0)316/82 16 36
Fax: +43 (0)316/83 56 12
E-Mail: stocker-verlag@stocker-verlag.com
www.stocker-verlag.com

ISBN 978-3-7020-1454-4

Layout und Repro: DSR Werbeagentur Rypka GmbH, 8143 Dobl/Graz
Druck: Druckerei Theiss GmbH, 9431 St. Stefan

Inhalt

Danksagung

Verlag und Autor bedanken sich beim Österreichischen Freilichtmuseum Stübing für die tatkräftige Mithilfe bei der Ergänzung der Abbildungen. Besonderer Dank gebührt dabei dem Museumsdirektor und Geschäftsführer Mag. Egbert Pöttler sowie Ing. Klaus Seelos für ihre fachliche Unterstützung.

Stübing

Österreichisches Freilichtmuseum

Vorwort

Holz ist ein bäuerlicher Werkstoff; Geräte und Werkzeuge des täglichen Lebens wurden seit Hunderten von Jahren aus Holz gefertigt – es diente als Baumaterial und Energiespender, als Element der Architektur und Zimmermannskunst und nicht zuletzt als Medium künstlerischen Schaffens.

Es ist unverständlich, dass gerade die Holzarchitektur und die bäuerliche Kunst lange Zeit von der Kunstgeschichte kaum beachtet oder als naive Kunst abqualifiziert worden sind.

Der Wiener Architekt und Städteplaner Franz Schuster bemerkte einmal sehr treffend: „Dort, wo der Mensch der Natur noch am nächsten geblieben ist, finden wir auch heute noch naturhafte Formen von überzeugender Reinheit und Ursprünglichkeit. Das einfache Haus, der Heustadl, die Sennhütte, der Zaun, das einfache bäuerliche Gerät sind frühere Beispiele eines organischen, naturhaften Gestaltens, wie sie als Prinzip unserer und der kommenden Zeit ein Vorbild sein sollten."

Über Generationen hinweg war der Bauer bereits sein eigener Zimmermann, Tischler und Baumeister und hat alles Notwendige für Haus und Hof selbst hergestellt. Das Holz bezog er aus seinem Wald, die Kenntnisse über die Holzarten, deren nützliche Anwendungen und die Zeit des Schlagens der Bäume waren ihm förmlich angeboren und sind es vielfach heute noch.

Leider bleibt dem Bauern durch die wirtschaftlichen Verhältnisse (Kampf ums Überleben) und durch den Rationalisierungsdruck kaum mehr Zeit, sich der Holzverarbeitung und der vermehrten Verwendung von Holz zu widmen. Natürlich haben sich auch die sozialen und kulturellen Verhältnisse und Erfordernisse, die Funktionen des Wohnens, des Wirtschaftens und der Landtechnik im bäuerlichen Anwesen geändert.

Seit einiger Zeit greift man aber wieder – und das ist ein Lichtblick – verstärkt, sowohl bei Neubauten als auch bei der Revitalisierung alter Bauernhäuser, auf traditionelle Elemente der Holzarchitektur zurück. Man entspricht damit dem Bestreben, mit der umgebenden Kulturlandschaft und der althergebrachten Bauweise zu harmonieren und dadurch die eigene Lebensqualität zu verbessern. Das bezieht sich naturgemäß auch auf Zweitwohnungsbesitzer und andere Bewohner des ländlichen Raumes.

Eine fundierte Beratung von Fachleuten der Holzindustrie und der Landwirtschaftskammern (weitere sind im Anhang angeführt) kann manchem störenden Modetrend und falsch verstandenem Zeitgeist entgegenwirken, ohne der Nostalgie das Wort zu sprechen. Adolf Loos sagte: „Achte auf die Formen, in denen der Bauer baut, denn sie sind der Urväter Weisheit gewonnene Substanz!"

Bei der Suche nach besonders schönen Bilddokumenten der bäuerlichen Holzbaukunst hat sich herausgestellt, dass die Fülle des Materials den geplanten Umfang des Buches weit übersteigen würde und daher nur die interessantesten Details herausgegriffen werden können. Die Vielgestaltigkeit der Verwendung von Holz im Außenbereich der bäuerlichen Anwesen in Feld und Flur ist schon allein kaum überschaubar. Daher wurde bewusst von einer Beschreibung der Inneneinrichtung der Bauten Abstand genommen.

Im neu entstandenen Europa soll die spezielle Formenvielfalt der Holzbaukunst der jeweiligen Regionen besser bekannt gemacht werden und zu einer Stärkung von deren Identität beitragen.

Gleichzeitig soll – und das ist Ziel dieses Buches – einer sanften baulichen Erneuerung das Wort gesprochen und zum Nachdenken angeregt werden.

Wolfgang Milan,
Frühjahr 2014

Wald & Holz

Der Wald zählt zu den wichtigsten Rohstoffquellen Österreichs. Etwa 46 % der Fläche Österreichs ist mit Wald bedeckt und der jährliche Zuwachs beträgt 31 Mio. m^3 Holz, aber nur ⅔ davon werden der Nutzung zugeführt. Entgegen der Meinung vieler Skeptiker besteht jedoch keine Gefahr, dass dieser wertvolle Rohstoff knapp werden könnte. Ein Garant dafür, dass man nicht mehr Holz aus dem Wald holt, als tatsächlich nachwächst, ist die heimische Forstwirtschaft mit ihrer nachhaltigen Bewirtschaftung des Waldes.

Der Wald sorgt für einen Klimaausgleich und in seiner Funktion als Erholungsraum, Luftfilter, Wasserspeicher und Bodenschutz ist er einer der wichtigsten Bestandteile unserer gesunden Umwelt und zugleich Träger der Kulturlandschaft.

Die unbegrenzte Nutzbarkeit des Holzes spiegelt sich seit Jahrhunderten besonders in der bodenständigen Holzbauweise der alpinen und voralpinen Regionen wider. Das Festhalten an traditionellen Bauformen in den regionalen Hauslandschaften bis in die Gegenwart ist ein sichtbarer Beweis dafür.

Weit zurückreichend bis zu den Pfahlbauten fand das Holz in vielen Lebensbereichen immer nutzbringende Verwendung. Wenn man heute das Alter mancher Holzblockbauten erfährt, kann man es kaum glauben. Weshalb konnten diese Bauten so alt werden?

Walter Mooslechner bemerkt in seinem Buch „Winterholz“: „Vor Jahren machte ich an einem uralten Stallgebäude in St. Veit im Pongau eine interessante Entdeckung. An der kunstvoll verzierten Firstpfette fand ich die Jahreszahl 1564 eingekerbt. Der Blockbau hatte also über 4 Jahrhunderte hinweg allen Witterungseinflüssen sowie Pilz- und Schädlingsbefall getrotzt. Bei näherer Betrachtung konnte ich feststellen, dass die langen Holzträme kerngesund waren, kaum Risse zeigten und wie aneinandergegossen lagen.“

Wie „aneinandergegossen" kann man im Kärntner Nockalmgebiet noch alte „Troadkasten" aufspüren, deren Fugen der aufeinanderliegenden Kanthölzer kaum sichtbar sind. Weshalb? Die Antwort ist nicht schwer zu finden. Die Stämme wurden vom Waldbauern sorgfältigst ausgesucht, er schlug den Baum zur richtigen Zeit und ließ das Holz so lange wie möglich trocknen. In vielen Abhandlungen in der Fachliteratur über die günstigste Zeit der Schlägerung taucht immer wieder ein und dieselbe Zeitspanne auf. Zwischen Michaelis (29. September) und zu Fabian und Sebastian (20. Jänner des neuen Jahres) ist die beste Zeit zur Schlägerung. Man bezeichnet es auch als das „Winterholz". Auch von „Mondholz" wird gesprochen, dies steht mit den Mondphasen in Zusammenhang. Danach wird die Zeit zwischen Dezember und Jänner bei fallender – abnehmender – Mondphase als besonders günstig für die Schlägerung erachtet.

Von wesentlicher Bedeutung war früher immer schon die Trocknung und Lagerung des geschlagenen Holzes, vornehmlich, wenn es als Bauholz Verwendung finden sollte. Mehrjährige Trocknung bildete die Voraussetzung, dass die Spannungen in den Hölzern abgebaut wurden und das Holz verwindungsfreier und ruhiger wurde. Trotz modernster Technologie und der Beschäftigung der Wissenschaft mit der Problematik des günstigsten Schlägerungszeitpunktes, der Trocknung, Konservierung und des Schädlingsbefalls etc. sind doch die Erkenntnisse und Erfahrungen der Zimmerleute, Förster und der Waldbauern, die von Generation zu Generation weitergegeben wurden, nicht hoch genug zu schätzen. Sie verhalfen der traditionellen Holzbaukunst bis in die Gegenwart zu ihrem Ruf und ihrer Wertschätzung.

Waldlandschaft nächst Niederalpl
Niederalpl – Steiermark

Die Vielzahl der Geräte, mit denen die Bauern ihre Arbeiten verrichteten, waren aus Holz selbst hergestellt, sie waren in Vorzeiten von den Bauern selbst erfunden worden und stehen zum Teil noch heute in praktischer Verwendung.

Die Fertigkeit, wie der Bauer mit dem Holz in der Praxis umgeht, liegt in der Wertschätzung seiner Eigenschaften. Stabilität, Festigkeit und Dauerhaftigkeit des Holzes beweisen unter anderem die bäuerlichen Holzbauten aus den vergangenen Jahrhunderten.

Im Vergleich zu anderen Baustoffen benötigt Holz zur Verarbeitung wenig Energie und die Umweltbelastung ist gering. Es gibt eine lange Reihe von Argumenten, die für den Rohstoff Holz sprechen – hier sind nur einige wenige:

Holz hat der Bauer vor der „Haustüre", daher gibt es keine hohen Transportkosten. Es ist leicht zu bearbeiten, korrosionsbeständig und ist vor allem ein biologisch nachwachsender Rohstoff. Holz dämmt und klimatisiert und kann wiederverwendet werden. Es ist ein idealer Energie- und Wärmespender. Man denke nur an die Kachelöfen, die offenen Kamine, die mit Scheitholz versorgt werden, oder an die in den letzten Jahren immer mehr Verwendung findenden hauseigenen Hackschnitzelheizungen sowie die örtliche Fernwärmeversorgung durch Heizwerke, die auch Hackschnitzel und Pellets (gepresste Sägespäne) als Heizmaterial verwenden. Dies zum Vorteil der Landwirte, die in waldreichen Regionen durch den Verkauf von Hackschnitzeln ihr Einkommen verbessern können.

Schließlich sind in holzreichen Gebieten Bauten aus Holz seit Jahrhunderten bekannt, sie bestimmen mit ihrem Erscheinungsbild den ländlichen Raum und geben der Kulturlandschaft ihr spezifisches Gepräge. Letzten Endes ist Holz das tragende Element ländlicher Holzbaukunst und Holzarchitektur. Eine Renaissance des Holzbaues kündigt sich in der hoffnungsvollen Entwicklung der in Österreich neu entstehenden Fachhochschulen für Holzbau an.

Frisch geschlägertes Holz

Holzbautechnik & Bauarten

Im ländlichen Bauwesen der waldreichen, alpinen Regionen Österreichs war Holz der natürliche Baustoff. Grundsätzlich lassen sich zwei grundlegende Holzbauarten feststellen: der Blockbau und der Ständerbau – Systeme, mit denen die Häuser und Wirtschaftsgebäude überwiegend errichtet wurden. Zwei verschiedene Anwendungen mit dem gleichen Werkstoff – Holz. Grundsätzlich werden beim Blockbau die Wände mittels aufeinanderliegender Holzstämme aufgebaut, während beim Ständerbau die Hölzer senkrecht stehend mittels Riegeln und Verstrebungen die Stabilität der Wände gewährleisten

Auch die Holzarten bestimmen die Bauweise. Dort, wo Nadelholz in reichlichem Maße zur Verfügung steht, ist der Blockbau dominant, wo hingegen mehr Laubholz wächst, findet der Ständerbau, in weiterem Sinne der Fachwerkbau, weite Verbreitung. Dies betrifft vor allem den europäischen Holzbau im Allgemeinen. Im alpinen Bereich mit Nadelholz baute man im Blockbau und natürlich auch im Ständerbau, während z. B. im Elsass, in Schwaben, Franken, Thüringen, Sachsen und Niedersachsen, um nur einige Gebiete zu nennen, wo mehr Laubhölzer zur Verfügung standen, der Ständerbau in Form des Fachwerkbaues vorherrschte.

Die Technik der Bearbeitung des Bauholzes, die Verschiedenartigkeit des Zusammenbaues, der Konstruktion und die künstlerischen Ausformungen der Holzarchitektur wie auch die traditionell volkskundlich wertvolle Holzbaukunst sind das Ergebnis jahrhundertealten Wissens und reicher Erfahrungen. Sie stellen den Zimmerleuten des 17. und 18. Jahrhunderts ein großartiges Zeugnis ihrer Tätigkeit aus.

Der Blockbau

(auch Schrotbau)

Blockbau mit Rundhölzern …

Bereits vor Jahrhunderten hat sich der Blockbau zu einer kunstvollen Bautechnik mit einem Reichtum an Elementen entwickelt, deren Spuren heute noch überall zu sehen sind und in letzter Zeit eine Wiederbelebung erfahren. Traditionsbewusstsein in Verbindung mit Fortschritt schaffen das Besondere, das Unverwechselbare unserer Blockhausbauten. Noch vor der Zeit des Barock war bereits die Verwendung von Rundhölzern die ursprünglichste Bauweise – mittels langstämmiger Nadelhölzer, die gut zu bearbeiten waren. In der Schweiz spricht man von Wetten, in Südtirol und Vorarlberg von Stricken. Etwas später entwickelte sich dann die händische Zurichtung von Rundhölzern zu Kanthölzern. Schließlich ersetzten kleine Gattersägen auf mechanische Art und Weise die Handarbeit.

… und mit Kanthölzern

Heute haben wir es mit einer ausgereiften Holzindustrie zu tun, die sich computergesteuerter Maschinen bedient, was aber wieder eine große Gefahr bringt: Serienproduktion, Vorgabe genormter Einzelteile und nicht immer die richtige Geschmacksausrichtung durch die Industrie.

Alter Blockbau mit erneuerten Fenstern
Zwieselstein – Tirol

Sauerling Hof
Einach an der Mur – Stmk.

Das ins Auge springende Merkmal der Blockbautechnik ist die Blockwand, die ohne senkrecht tragende Bauglieder ihr Auslangen findet, indem sie sich aus waagrecht übereinanderliegenden Rund- und Kanthölzern aufbaut.

Durch die Einkerbung oder „Verkämmung" der Hölzer an den Ecken – im Kreuzungsbereich – entsteht ein festes Gefüge und daher auch die gewünschte Stabilität.

Wenn nur entrindetes Rundholz verwendet worden war, so half man sich, um die Festigkeit und Gleichmäßigkeit zu erreichen, indem der Zopf – das ist das dünnere Endes des Stammes – jeweils mit dem dickeren Ende des darüberliegenden Stammes verdübelt wurde. Zwischen den Stämmen fügte man häufig Moos zur Abdichtung ein. So war ein gleichmäßiges Hochziehen der Wand gewährleistet. Bei den vorkragenden Rundhölzern nennt man diese Art des Blockbaues auch Kopfstrick oder Kopfschrot.

Anders ist es bei den Kanthölzern, die gleichmäßig zugerichtet werden und daher dicht aneinanderliegen. Im Abschnitt Eckverbindungen wird auf die sehr kunstvolle Zimmermannsarbeit der Verkämmung näher eingegangen.

Der Blockbau mit Kanthölzern war in der Regel beim Bau von bäuerlichen Wohnhäusern, Speichern und Mühlen üblich. Neuerdings bemüht man sich auch, große Rundholzbauten im sehr „rustikalen" Stil für Bergrestaurants in Schigebieten neben den Abfahrtspisten zu errichten. Einigen ansprechenden Beispielen stehen dabei auch neue Bauten gegenüber, die Anlass zur Kritik geben können: Grünes Holz, also nicht abgelagertes Holz, oder zum falschen Zeitpunkt geschlägertes Holz, daher sind in den Balken Risse und Verwindungen zu sehen, und schließlich eine nicht bodenständige Bauweise („Tiroler Haus-Manie").

Die Konstruktion mit senkrecht stehenden tragenden Elementen wird als Ständerbau bezeichnet.

Der Ständerbau

Der Ständerbau unterscheidet sich in der Konstruktion durch die Wandgestaltung vom Blockbau. Die senkrecht stehenden tragenden Elemente sind entweder Pfosten, die direkt in den Boden gerammt werden, oder Ständer, die in einen Schwellenkranz eingezapft werden, der horizontal auf festem Boden oder Trockenmauerwerk liegt. Um die Stabilität des Gerüstes zu gewährleisten, werden die Ständer durch Längshölzer (Riegel, Querhölzer)

Mittertennhof in Ständerbauweise mit Bundwerk
Axams – Tirol

Gang einer Wehrkirche in Ständerbauweise
Grafenbach – Kärnten

wie auch Verstrebungen untereinander verstärkt. Man spricht auch vom Skelettbau.

Heute wendet man den Ständerbau vor allem bei landwirtschaftlichen Wirtschaftsgebäuden, wie Scheunen, Stadeln und Schuppen, an.

Die Ständer und die Verstrebungen sind entweder von außen oder von innen mit Brettern verschalt. Die Gestaltung der Außenwände des Ständerbaues gab den Zimmerleuten seinerzeit eine willkommene Möglichkeit, die Verstrebungen so zu konstruieren, dass sie zu einem kunstvollen Bundwerk gestaltet werden konnten. Besonders eindrucksvolle Beispiele sind noch im westlichen Teil des Innviertels erhalten geblieben (Haigermoos).

Nicht unerwähnt in Bezug auf das von außen verschalte Ständerwerk sollten hier auch die großen Längs- und Querscheunen im Weinviertel bleiben.

Eine Besonderheit innerhalb des Ständerbaues – nur am Rande erwähnt – ist der Ständerbohlenbau: Hier sind die Ständer mit einer Nut versehen und zwischen den beiden Ständern werden in diese Nut Bohlen quer eingeschoben und bilden so eine sehr stabile Wand.

Durch Verstrebungen wird die Stabilität der Konstruktion verstärkt.

Ständerbau mit kunstvollem Bundwerk

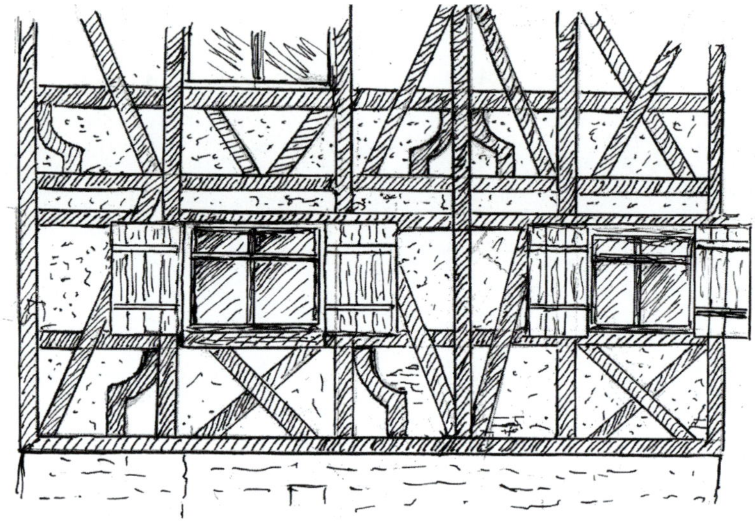

Der Fachwerkbau

Im äußersten Westen Österreichs, im Rheintal, stehen noch einige alte alemannische Fachwerkhäuser. Die Bautechnik ist ebenso eine sehr hochentwickelte Form der Ständerbauweise. Es werden nur zwischen den einzelnen Verstrebungen, Riegeln und Ständern die frei bleibenden Flächen – „das Gefache" – mit Geflechten, Lehmhäckselmaterial, Ziegeln oder Bruchstein ausgefüllt und diese Flächen anschließend verputzt. Die Holzkonstruktion jedoch bleibt sichtbar und wird mitunter – der Kontrastierung wegen – gefärbt.

Fachwerkbau in Altenstadt **Feldkirch –Vbg.**

Holzfenster

Neben dem praktischen Zweck, Licht und Luft in die Stube hereinzulassen und vor Witterungseinflüssen zu schützen, kommt dem Fenster auch eine schmückende Bedeutung zu, bestimmt es doch ganz wesentlich die Fassade des Hauses. Das Gefühl für Harmonie und Proportionen war unseren Vorfahren angeboren. Das Verhältnis der Fensterbreite zur -höhe war häufig 8:10 bis 9:10.

Die regional sehr unterschiedlichen Fassaden der österreichischen Hauslandschaften spiegeln die Gesinnung der darin lebenden Menschen von zumeist bäuerlicher Herkunft wider. Wie schön sind doch die Holzfenster mit ihren Sprossen und einem oder zwei Kreuzen, wie angepasst die Bretter beziehungsweise die Putzfaschen, die das Fenster umrahmen!

Vor allem in den westlichen Hauslandschaften, etwa in Vorarlberg, im Montafon oder im Osttiroler Defereggental, fallen die Fensterumrahmungen und Verkleidungen mit sehr originellen, zierlichen Sägeschnittmustern auf. Ebenso harmonisch sind die Fenster und Fensterläden eines Erkers der Giebelfront eines revitalisierten Hofes in Mutters angepasst – oder die Fenster mit Läden an einer Hausfront eines oststeirischen Vierseithofes.

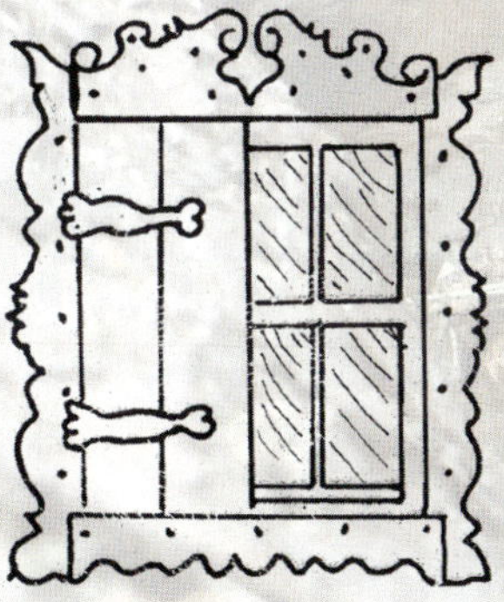

Die Proportionen der Fenster stimmen in Relation zur Hausfassade.

Erker mit Klappläden
Mutters – Tirol

Neubau mit Isolierglasfenstern in Schindelwandverkleidung
Brandlucken – Stmk.

Es gab nicht nur kleine Fenster!
Brixental – Tirol

Mit viel Gespür für die Dimensionen und Verteilung bzw. Anordnung der Fenster neben- und untereinander wurden einst die bäuerlichen Holzblockbauten errichtet, wobei auch auf die Innenraumgestaltung Rücksicht genommen wurde. Im Gegensatz dazu stehen die modernen vergrößerten Kippfenster ohne Sprossen, die einem wie leblose „Glotzaugen" unfreundlich entgegenblicken. Der Zeitgeist treibt manche Leute dazu, „modern" oder „anders" zu sein. Nun hat man vielleicht das größere Fenster, muss aber erkennen: „Da schaut ja jeder herein!" Also wird schnell ein „Rüschchenvorhang" und/oder eine klapprige Aluminiumjalousie angeschafft, die zusammen mit vielen Blumenstöcken auf dem inneren Fensterbrett helfen sollen, das „Loch" optisch zu verkleinern. Gut gestaltete große Fenster findet man selten, auch aufgrund der neuen baulichen Möglichkeiten.

Neben mancherorts durchaus auch übertriebenen Verzierungen haben einst dennoch die Proportionen der Fenster in Relation zur Hausfassade gestimmt. Durch die neue Technik der Isolierverglasung müssen im Unterschied zum einfach verglasten Pfostenstockfenster Sprossen und Fensterrahmen zu stark sein, sodass ein plumper Eindruck entsteht. Aus diesem Grund werden heute vielfach wieder die alten Holzfenster zum Vorbild genommen.

Reihenfenster an einem Haus in Werdenberg
Buchs – Schweiz

Bauernhaus Niggas
Mooskirchen – Stmk.

Fenster eines Waldviertler Hofes
Arbesbach – NÖ

Fenster, Sauerling Hof
Einach an der Mur – Stmk.

Fenster, Bregenzer Walderhaus
Vbg.

Altes Pfostenstockfenster
Krumbach – NÖ

Kleinteiliges Fenster mit Läden
Vbg.

Fenster mit geschmiedetem Fensterkreuz, Bauernschmiede
Feistritz/Birkfeld – Stmk.

Dem Baukörper harmonisch angepasste Fenster
Weiz – Stmk.

Walserhof mit reich geformten Fensterrahmen
Bartholomäberg – Vbg.

Noch einen Schritt zurück zu den ganz alten, noch aus Rundholz erbauten Häusern und Almhütten: Hier wurden zwei Bohlen (bzw. Rundhölzer) ausgeschnitten und nach außen abgeschrägt – dies war das Fenster, das von innen mit einer im Holzrahmen verschiebbaren Glasscheibe ausgestattet war.

Die Fenstergröße bei diesen Hütten änderte sich erst, als man die Fensterstöcke einführte und so die Wandfestigkeit gewährleistet war.

Hand in Hand mit der Einführung der Kastenfenster ließen sich dann die Fensterflügel nach außen und innen öffnen und erfreuen sich neuerdings als Verbundholzfenster mit hoher Wärmedämmung besonderer Wertschätzung. Holzfenster passen immer zum bäuerlichen Gehöft. Sie sind wärmedämmend, energiesparend, bei allfälligen Umbauten und Revitalisierungen gegenüber Plastikware biologisch abbaubar, wobei moderne lasierende oder deckende Anstriche allerdings auch eine Frage der Pflege sind.

Holzfenster müssen im ländlichen Raum „Seele" haben und das natürliche „Gespür" der alteingesessenen Bauern ist ein Beweis hierfür. Man sagt nicht umsonst: „Die Fenster sind die Augen des Hauses".

Die Fenstergröße änderte sich erst mit der Einführung der Fensterstöcke.

Tür & Tor

Tür und Tor sollen einerseits Schutz gewähren, andererseits aber auch einladen, über die Schwelle in das Haus oder durch das Tor in den Hof zu treten.

Speziell die Eingangstür beim Blockbau hat denselben Stellenwert in Bezug auf das Erscheinungsbild des Hauses wie Fenster und Balkone. Ihre Relation von Höhe und Breite trägt ganz wesentlich zur Gliederung der Hausfront bei.

Die Gestaltung der Tür oder des Tores sollte sich auch sehr deutlich von der Fassade abheben, besonders bei gemauerten Untergeschossen. Die Einfassung des Türstockes aus Holz, die Ornamentik und die Symbole an der Tür sind Attribute, welche dem Haus die gebührende Würde verleihen. Einen ebensolchen Beitrag liefern auch die Türumrahmungen, versehen mit oft bemerkenswerten Kerbschnitzarbeiten, wie Jahreszahlen und Initialen der Besitzer.

Massive Türen, vielfach aus Eiche, mit alten Motiven, wie Andreaskreuz, Rauten und Ranken, Stern- und Sonnensymbolen, Fischgrätenmustern, aufgedoppelten Schmuckelementen, Rosetten und Rhomben – mit geschmiedeten Nägeln befestigt –, sind seit alters her gebräuchlich und so mancher Massenware aus industri-

Eingangstür zu einem Winzerhof
Straßertal, Waldviertel – NÖ

Bauernhaus mit Tür,
Fenster und Wandverschindelung
Herrenberg, Innviertel – OÖ

Haustür in Natters
Natters – Tirol

Speichertür
St. Martin – Stmk.

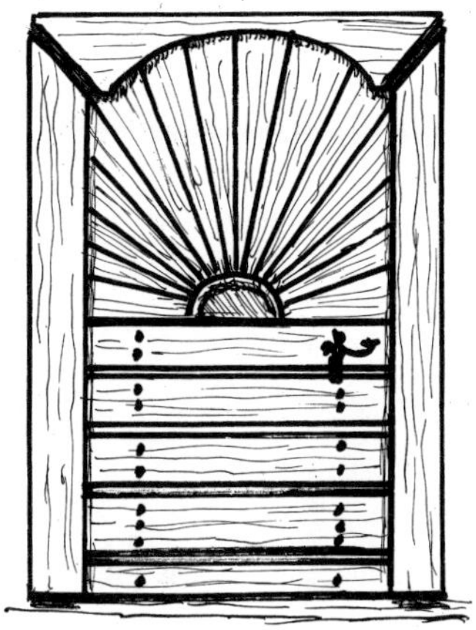

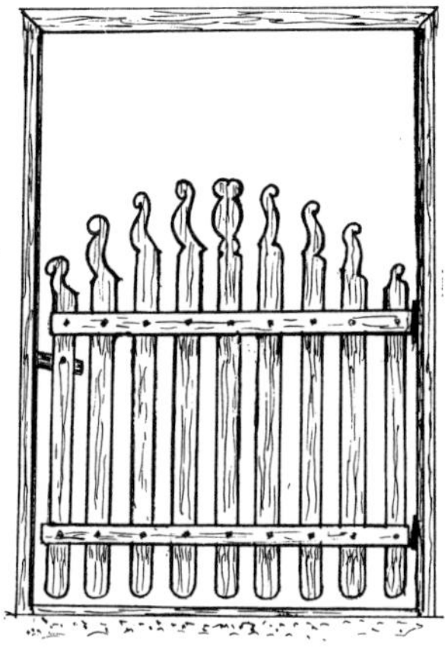

eller Produktion überlegen, wobei seit Kurzem auch ein Umdenken festzustellen ist, was die Gestaltung der Türen betrifft, und individuellen Wünschen mehr Rechnung getragen wird. Seit Hunderten von Jahren prägen natürliche Rohstoffe der umgebenden Landschaft die Türumrahmungen. So wurden z. B. Granit, Marmor, Sandstein und naturgemäß Holz verwendet. Zur Belichtung der „Labn", des Hausganges, sind meistens noch kleine Fenster, so genannte „Bettlerfenster", neben der Tür zu finden, versehen mit einem schlichten Schmiedeeisenkreuz, oder die Türe besitzt eine Oberlichte.

Eingangstüren mit großen Glasscheiben und vorgesetzten Schmiedeeisengittern, womöglich noch aus Kathedralglas, waren früher nicht üblich. Sie fügen sich auch heute noch schlecht in die gediegene Schlichtheit eines Bauernhauses und wirken fremd und aufdringlich. Gegen ein kleines Fenster in der Tür wäre allerdings nichts einzuwenden.

Wenn schon an die Erneuerung einer Tür im traditionellen Stil gedacht wird, möge man nicht vergessen, dass auch die Türbeschläge hierauf abgestimmt werden müssen. Moderne Aluminium- oder Messinggriffe sind fehl am Platz!

Zweifelsohne sind die Kosten einer von einem ortsansässigen Tischler oder Zimmermann gestalteten Tür höher, aber ihr Eindruck hebt den ästhetischen Wert des Objektes bedeutend und ist sicher zum Ort passend.

Es gibt vor allem bei den Hauslandschaften der Dreiseithöfe, Streck-, Tormauer- und Winzerhöfe im Osten von Österreich Torkombinationen, bei denen im großen Tor ein kleines Gehtürl integriert ist.

Bei den Innviertler Vierseithöfen sind die vier Gehöftteile mit großen Holztoren oder Tormauern verbunden. Hier trifft man auf kunstvoll geschnitzte oder mit Zierschnitt versehene Bogenfelder

Hoftor Rammelhof
Arbesbach/Waldviertel – NÖ

Getreidekasten
St. Nikolai/ Sölktal – Stmk.

Eingangstür zum Hanslerhof
Alpbach – Tirol

Hammerschmiede
Krakau Hintermühlen – Stmk.

Streckhof mit Tor und Gehtürl
Oslip – Bgld.

Tor und Gehtürl in Steinblosmauer
Mühlviertel – OÖ

Tor mit Fächer-Zierbrettern
Kopfing – OÖ

Neues Tor einer revitalisierten Weinschenke
Göttlesbrunn – NÖ

Tor mit Gehtürl
Göttlesbrunn – NÖ

Hammerschmiede Eingangstür
Krakau Hintermühlen – Stmk.

im oberen Teil der Doppeltore, wobei die Tormauern, soweit vorhanden, auch oft noch mit Holzschindeln gedeckt sind. Ebenso findet man häufig Sonnen- und Sternsymbole in Form von Durchbrucharbeit aus Latten oder Sägeschnitt. Auch seien hier nicht die alten, mit Lüftungsgittern versehenen Tore von Presshäusern im Weinviertel vergessen oder bei den Blockbauten der Unterinntaler Einhöfe die Hühnergatterln. Bei diesen Höfen im Alpbachtal oder in der Wildschönau ist im Eingang ein halbhohes Gatterl aus Holz vor der Tür angebracht, um im Sommer Licht und Luft ins Haus zu lassen, gleichzeitig soll dadurch aber auch verhindert werden, dass das Federvieh ins Haus gelangt. Diese Gatterln haben oft kunstvolle Zierformen und Schnitzarbeiten aufzuweisen. Besonders bemerkenswerte Türen weisen die oberirdischen Presshäuser und Weinkeller in Heiligenbrunn (Burgenland) auf. Der Eingang in den weißgetünchten Blockbau besteht aus zwei hintereinander angeordneten Türen. Die Innentür ist meist eine schwere Eichenpfostentüre, die Außentüre besteht aus einem luftdurchlässigen Geflecht in einem Holzrahmen.

Durch die freundliche Gestaltung von Tür und Tor wird die Schwellenangst so manchen Besuchers überwunden. Dies haben traditionsbewusste Bauern und auch Zweitwohnungsbesitzer bis heute erkannt und tragen dem auch Rechnung.

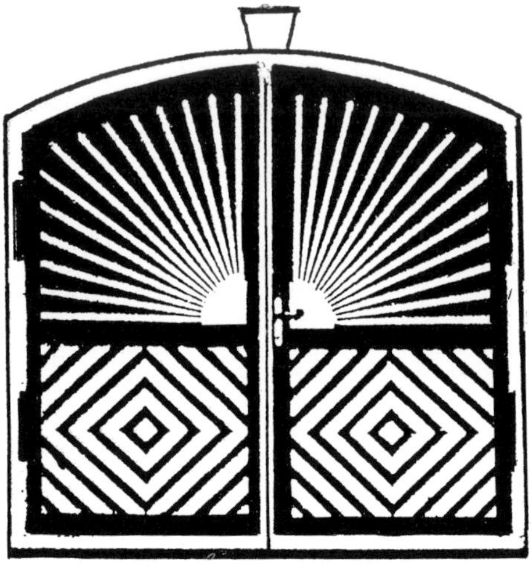

Balkone, Brüstungen & Lüftungsluken

Balkone

Der Balkon, auch örtlich „Laubengang“, „Labn“, „Lauben“, „Holzgang“, „Gangl“ und „Söller“ genannt, ist im Blockholzbau für das Erscheinungsbild des österreichischen Bauernhauses von ganz besonderer Bedeutung. Je nach Hauslandschaft gibt es ganz einfache Giebellauben, kleine Balkone bei gemauerten Häusern, das Haus mit auf drei Seiten umlaufenden Balkonen, manchmal bis zu drei Balkone untereinander, ebenerdige Seitenlauben und offene Balkone neben dem Eingang.

Während in Tirol, Salzburg und Kärnten große, ausladende Balkone vorherrschen, findet man in Vorarlberg eher kleine Giebellauben, jedoch große Seitenlauben, ähnlich einer Veranda, speziell bei den Bregenzer-Hinterwälder-Häusern. In der Steiermark und in Oberösterreich sind die Balkone meist wesentlich einfacher ausgeführt und oftmals nur auf eine Giebellaube beschränkt, wie bei den Winzerstöckeln der Weststeiermark. Mit Ausnahme einiger weniger alter niederösterreichischer Blockholzbauten in der Buckligen Welt und im Wechselgebiet sowie im Burgenland fehlen hier jegliche Balkone.

Wenn man die Karte auf den Seiten 38 und 39 betrachtet, ist hier im östlichen Österreich ganz deutlich eine Lücke zu sehen.

Einst diente der Balkon vornehmlich zum Trocknen der Wäsche oder der Früchte sowie als Zugang zu den Schlafkammern und dem Abort, daher auch „Hausgang“ oder „Ortgang“ genannt. Heute ist infolge der für den Bauern notwendigen Fremdenzimmervermietung der Balkon auch luftiger Aufenthaltsort und Aussichtsplatz geworden. Bei neu erbauten oder revitalisierten Blockbauten hat man

Aufwändiges Balkonschnittmuster

daher die Balkonbreite und den Dachvorsprung oft wesentlich erweitert.

Neben diesen Funktionen ist auch das Aufhängen von Blumenkistchen an der Balkonbrüstung allgemein üblich geworden und trägt ganz wesentlich zur Verschönerung des gesamten Hofes bei. Auch die Blumenkistchen älterer Art weisen oft Zierschnittmuster auf (Ötztal).

Die Verschalung der Balkonbrüstung war stets durch senkrecht und lückenlos angeordnete Bretter ohne Zierschnitt üblich. Derartige Balkone findet man heute z. B. noch bei Bauten in Alpbach/Tirol, im Brixental/Tirol und deren Umgebung. Vollverschalungen wendet man auch vielfach bei Hotelneubauten an, um Zugluft zu verhindern und den Balkon uneinsehbar zu gestalten, was leider sehr oft einen plumpen Eindruck hinterlässt.

Bei Neubauten in Tirol wird z. B. mit Zierschnitten sehr sparsam umgegangen.

Durch das Austrocknen der Balkonbretter entstanden mit der Zeit recht unregelmäßige Fugen, was so manchen Bauern störte. Im 19. Jahrhundert ging man daher dazu über, die Bretter gleich mit Fugen zu verlegen, die im Zierschnitt mit Blumen-Glocken und Figurenmustern ausgeführt wurden und heute noch werden. Die Zierschnitte sind an je zwei aneinandergrenzenden Brettern so ausgeschnitten, dass diese in ihrer Zusammenfügung eine bestimmte Figur erkennen lassen. Heute verwendet man für den Zuschnitt Schablonen.

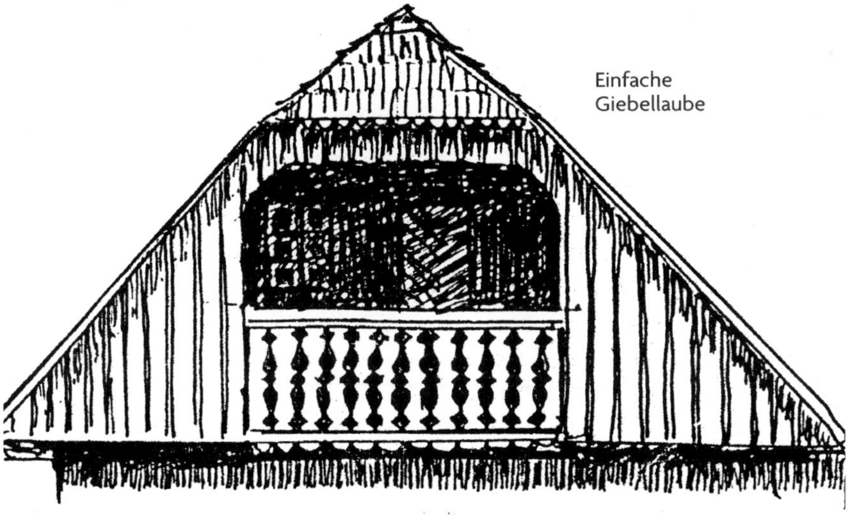

Einfache Giebellaube

Bemalte Pfettenstütze
Defereggen – Osttirol

Einhof
Defereggen – Osttirol

Balkon mit Pilastern,
Mittertennhof
Salzkammergut – OÖ

Aufwändiges
Balkonschnittmuster

Vollverschalter Balkon
Einhof im Brixental – Tirol

Erneuerte Fassade
mit Balkonen
Hallstatt – OÖ

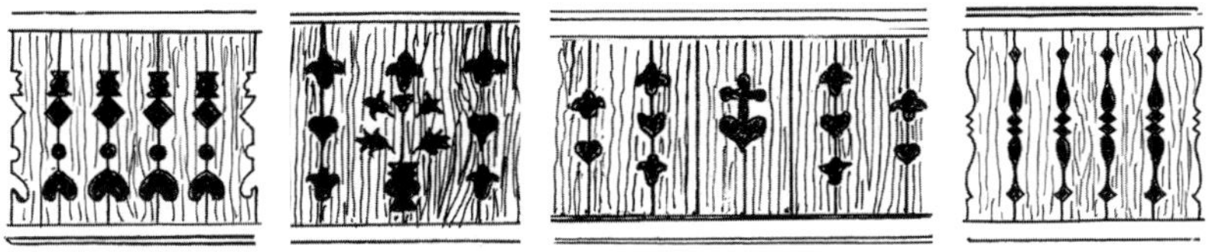

Obgleich die Hausforschung die Zierschnittmuster als „verspielt" und „nicht bodenständig" bezeichnet, sind sie doch weitaus ansprechender als so manche vorgefertigte Balkonbrüstung.

Diese kann man heute zum Selbsteinbau per Katalog bei der Holzindustrie bestellen, aber man sollte sich sehr gut beraten lassen, inwieweit die gewünschten Teile in ihrer Proportion harmonisch zur Hausfront passen und sich in das Ortsbild einfügen.

Leider will auch mancherorts ein Zimmermann seinen Mitbewerber mit immer wuchtigeren Holzbrüstungen, aufgeblatteten Rosetten und rustikalem Kitschschnitzwerk übertreffen, sodass manche

Bettenburgen, 2–3 Stock hoch, dann mit den Balkonvorbauten die Ensemble-Wirkung des Dorfbildes erdrücken, sofern es nicht ohnehin schon zerstört ist.

In einigen Hauslandschaften Salzburgs, Tirols und Oberösterreichs finden sich anstatt der Bretter und Zierschnittschalungen auch zierlich gedrechselte Säulchen oder mitunter auch schwere Pilaster an den Balkonen.

Um die Last des Balkons zu mindern, sind auch geschnitzte, so genannte „Söllersäulen" anzutreffen, die einerseits in der Balkonbrüstung befestigt und andererseits mit den vorkragenden Pfetten verbunden sind. Sehr selten, vielfach nur bei alten Bergbauernhäusern, sieht man Balkonbrüstungen mit horizontal verlegten Scha-

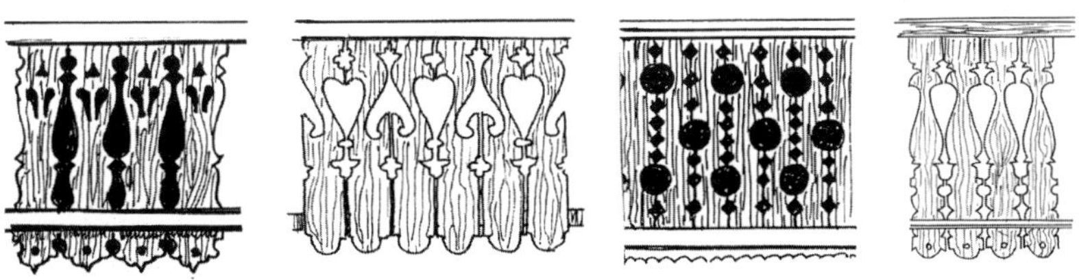

Holzbalkone in Österreich

(andere Bezeichnungen: „Gwandgänge“, „Laube“, „Labn“, „Holzgang“, Söller“)

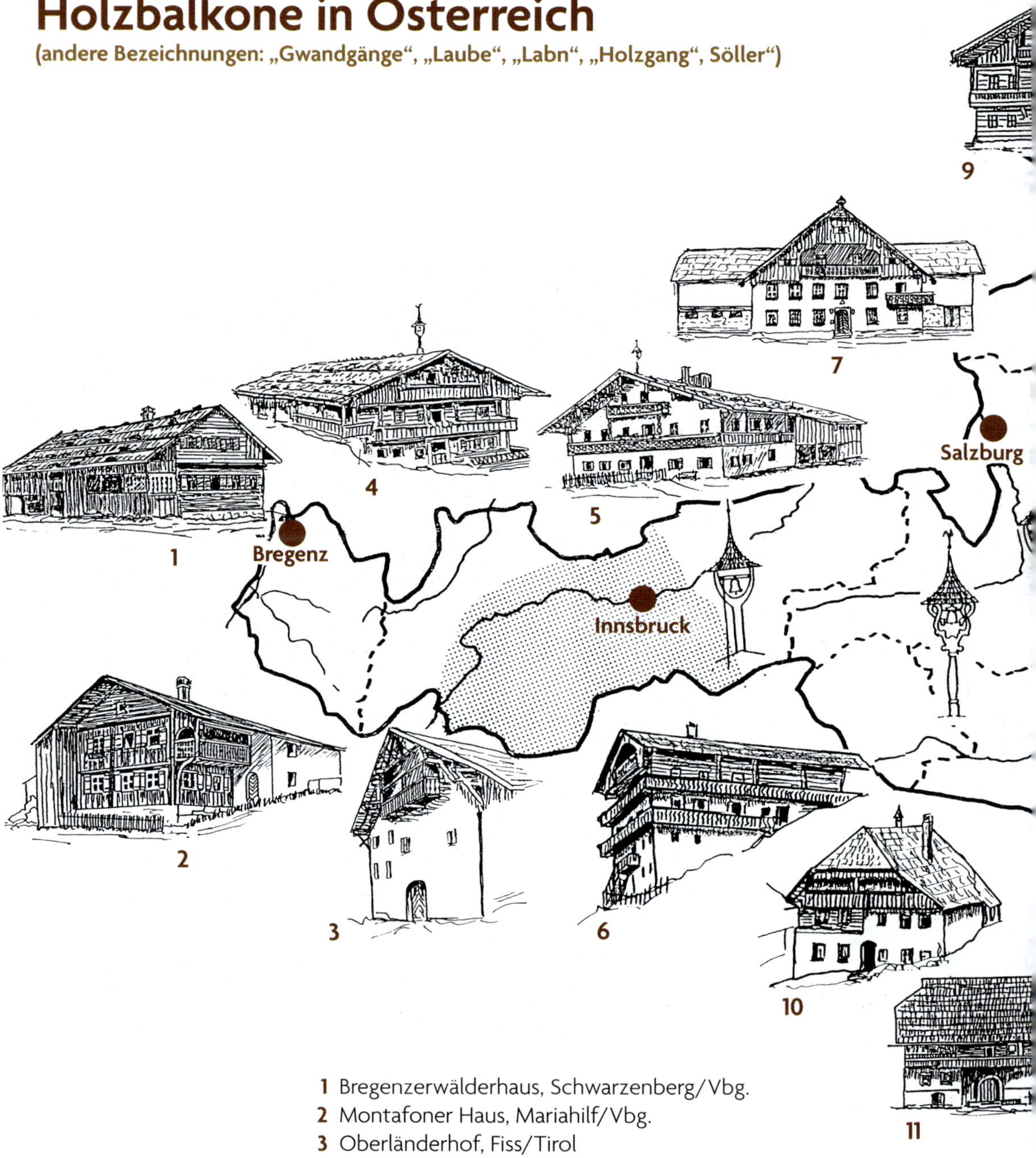

1 Bregenzerwälderhaus, Schwarzenberg/Vbg.
2 Montafoner Haus, Mariahilf/Vbg.
3 Oberländerhof, Fiss/Tirol
4 Unterinntaler Einhof (Vollblockbau), Alpbach/Tirol
5 Unterinntaler Einhof, Erpfendorf/Tirol
6 Osttiroler Einhof, Innervillgraten/Osttirol
7 Flachgauer T-Hof, Kappel/Sbg.
8 Obersteirischer Paarhof, Ramsau/Stmk.
9 Innviertler Vierseithof, Franking/OÖ.
10 Obermurtaler Haufenhof, St. Lambrecht/Stmk.

11 Gailtaler Paarhof, Arnoldstein/Ktn.
12 Nockalmhof, Gnesau/Ktn.
13 Unterkärntner Längslaubenhaus, Zell-Pfarre/Ktn.
14 Koralm-Paarhof, Riegelsdorf/Ktn.
15 Weststeirischer Kreuzhof, Stainz/Stmk.
16 Goiserer Paarhof, St. Agatha/OÖ.
17 Waldbauernhof, St. Kathrein am Hauenstein/Stmk.
18 Mürztaler Paarhof, Langenwang/Stmk.
19 Niederösterreichischer Vierseithof, Zöbern/NÖ.

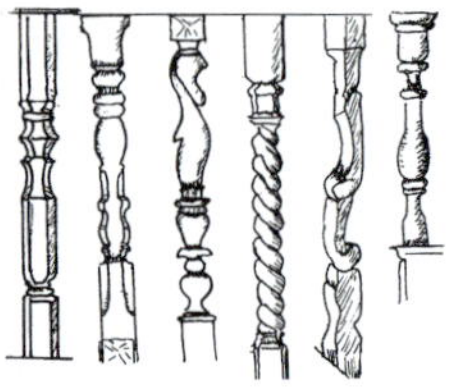

lungsbrettern. In letzter Zeit ist diese Art der Balkone – wahrscheinlich aus Kostengründen – leider auch bei Neu- und Umbauten üblich geworden.

Wenn Balkone mit viel Gefühl in Größe und Ornamentik der Hausfront angepasst sind, heben sie das Erscheinungsbild des Hauses bedeutend. Dies ist aber nur in jenen Gegenden der Fall, wo bereits immer Balkone üblich waren.

Auch bei Wirtschaftsgebäuden, vornehmlich bei Paarhöfen, Mittertenneinhöfen in Nordtirol, Osttirol und in Kärnten, findet man die so genannten Wirtschaftsbalkone mit horizontal verlaufenden Rundholzstangen über die ganze Stadelbreite, die ausschließlich zur Trocknung der Feldfrüchte dienen. Diese Balkone sind meist auf dem gemauerten Stallteil auf herausragenden Pfetten in 1–1,50 m Breite gelagert und durch senkrechte Pfosten, die bis zum Dachstuhl reichen, verbunden.

Haus mit auf drei Seiten umlaufenden Balkon
Tirol

Aufwändiges Sägeschnitt-muster
Axams – Tirol

Blockhaus mit Giebel-laube und Balkonen
Innervillgraten – Osttirol

Brunner-Keusche
St. Nikolai/Sölktal – Stmk.

Schöner Zierschnitt

Giebellaube mit Zier-schnittbrettern
Axams – Tirol

Balkon mit einfacher Bretterverschalung

Lüftungsluken

In den Bretterwänden der Verschalungen im Giebelbereich von Holzbauten sind oft zur Lüftung, zur Belichtung oder manchmal rein zur Zierde mit einer Stichsäge Öffnungen eingeschnitten, die als „Luken" bzw. „Lichtluken" bezeichnet werden. Sie weisen die mannigfaltigsten Formen auf und haben wie alle bäuerlichen Schmuckformen sehr oft auch sinnbildlichen Charakter.

Übergroße Giebelverschalungen würden eintönig und plump wirken, wenn sie nicht durch Luken oder Lüftungsgitter aus Holz etwas lebendiger gestaltet wären. Häufiger als im Giebelbereich der Wohnhäuser findet man sie an Stadelwänden, wo sie als „Stadelluken" bezeichnet werden.

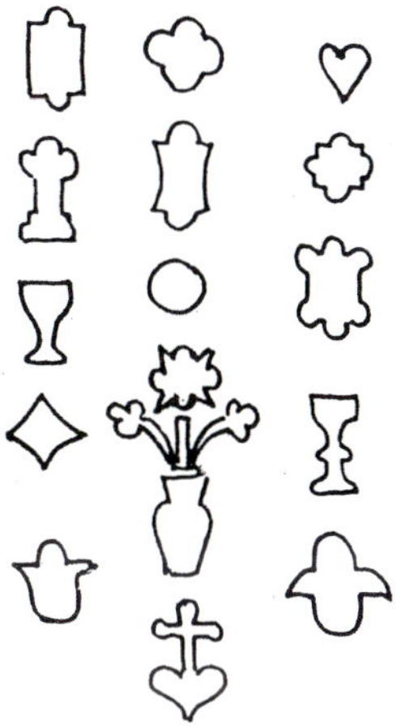

Stadelluken mit Verzierungen
Kärnten

Lüftungsluke am Giebel einer Mühle

Aufwändig als Blume gestaltete Lüftungsluke

Dachlandschaften

Ein wesentliches Element der Holzbaukunst ist das Dach, welches das Erscheinungsbild der Dörfer und Einzelbauten in der Kulturlandschaft ganz besonders beeinflusst. Prägen einheitliche Dachformen der Gehöfte einen abgrenzbaren Landstrich, so spricht man im Allgemeinen auch von einer Dachlandschaft.

Um die Fachausdrücke aufgrund der Vielfalt der in Österreich anzutreffenden Dachformen und Dachkonstruktionsmerkmale kurz und bündig darzustellen, dienen die nebenstehenden Zeichnungen als Erklärung.

Die häufigsten Formen und deren regionale Verbreitung

- Vollwalmdach (Innviertel, Ktn.)
- Halbwalm- und Viertelwalmdach (NÖ., Bgld., Stmk.)
- Satteldach (Sbg., Stmk., NÖ., OÖ., Vbg.)
- Vierplattlerdach (OÖ, Hausruckdach)
- Halbwalmdach mit Ansatzlücke (Ktn.)

Das Satteldach zerfällt entsprechend der Dachneigung etwa in drei Hauptgruppen:

- Legdächer unter 30 Grad, z. B. Tiroler Einhöfe
- Steilgiebeldächer über 40 Grad, z. B. Murtal
- Spitze Steildächer über 45 Grad, z. B. Rheintal

Dachformen

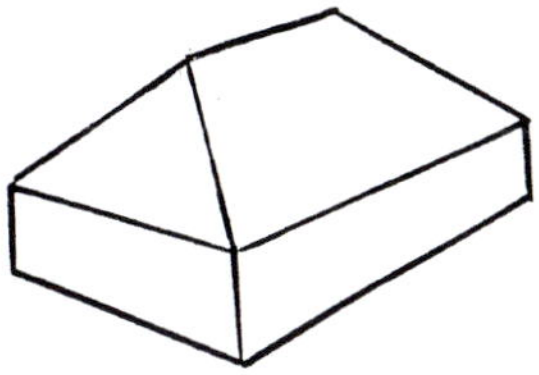

Walmdach

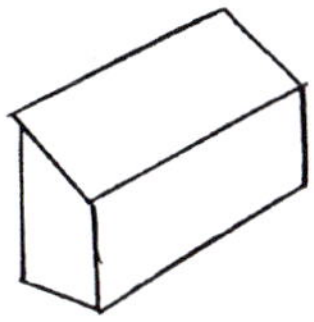

Pultdach

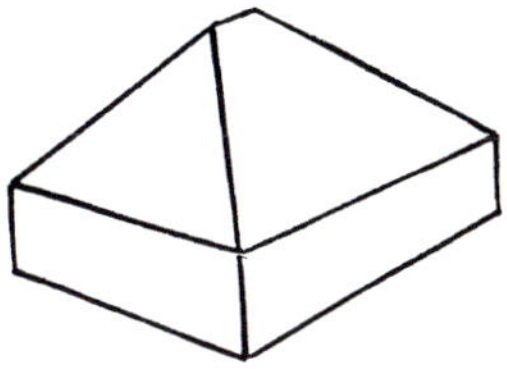

Vierplattlerdach
Zeltdach
(Kappendach)

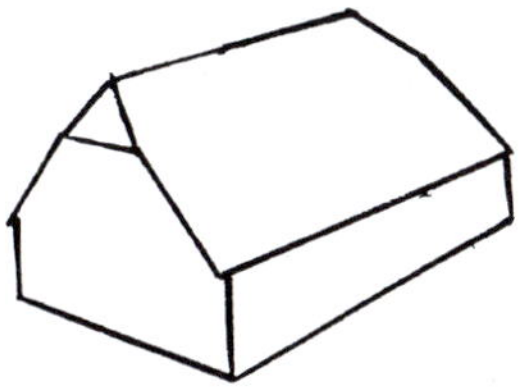

Schopfwalmdach
(Krüppelwalmdach)
(Viertelwalmdach)

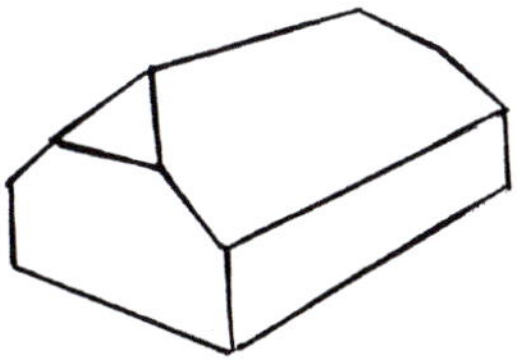

Halbwalmdach

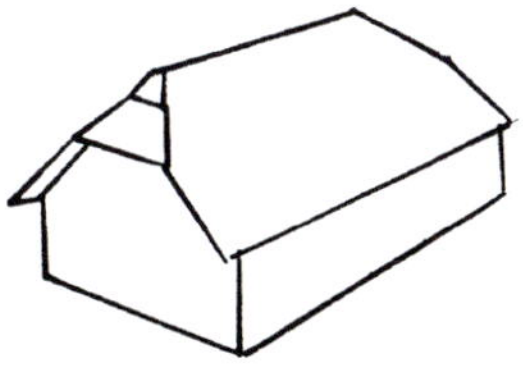

Halbwalmdach
mit Ansatzlücke

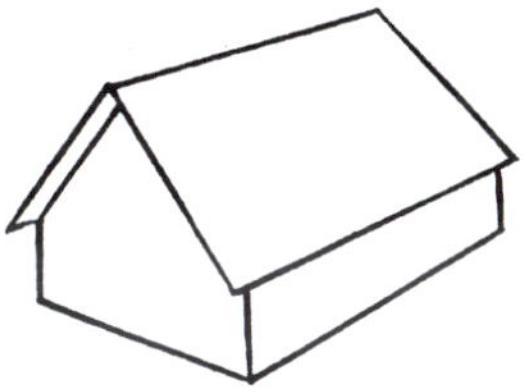

Satteldach steil
(Steilgiebeldach)

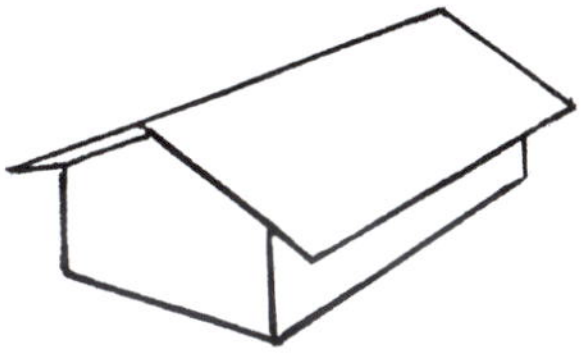

Satteldach flach

Das Pfettendach

Das Pfettendach an sich wird auch als hängendes Dach bezeichnet, weil die schrägen Hölzer – auch Rafen oder Rofen genannt – auf den waagrechten Hölzern der Pfetten aufliegen und an der Firstpfette hängen. Die Pfetten ihrerseits lagern, wie auf den Abbildungen zu erkennen ist, auf Säulen, Pfosten, Ständern oder direkt auf einer hochgezogenen Blockwand.

Gerade das Pfettendach regte viele Zimmerleute und handwerklich geschickte Bauern an, den Pfetten Sinnzeichen, Zierkerbungen, Anfangsbuchstaben der Erbauer und Jahreszahl der Erbauung einzuschnitzen und einzukerben. Auch Segenssprüche oder ein Heilzeichen fanden am Balken Platz und so wurde viel Wertvolles zur Holzbaukunst beigetragen.

Das Sparrendach

Dieses Dach unterscheidet sich vom Pfettendach durch die stehenden Schräghölzer = Sparren, die sowohl am First paarweise durch Überplattung oder Verzapfung fest ineinandergefügt als auch am Bundtram am Dachfuß mittels Zapfen eingelassen werden. Man nennt diesen Dreiecksverband, der den Seitenschub auf die Längswände aufnimmt, „Gespärre".

Selbstverständlich haben sich Mischtypen ergeben, es sind dies Schersparrendächer, Scherendächer und Sperrhaxendächer, deren Konstruktionsmerkmale den Zeichnungen im Anhang zu entnehmen sind.

Dachgerüstformen

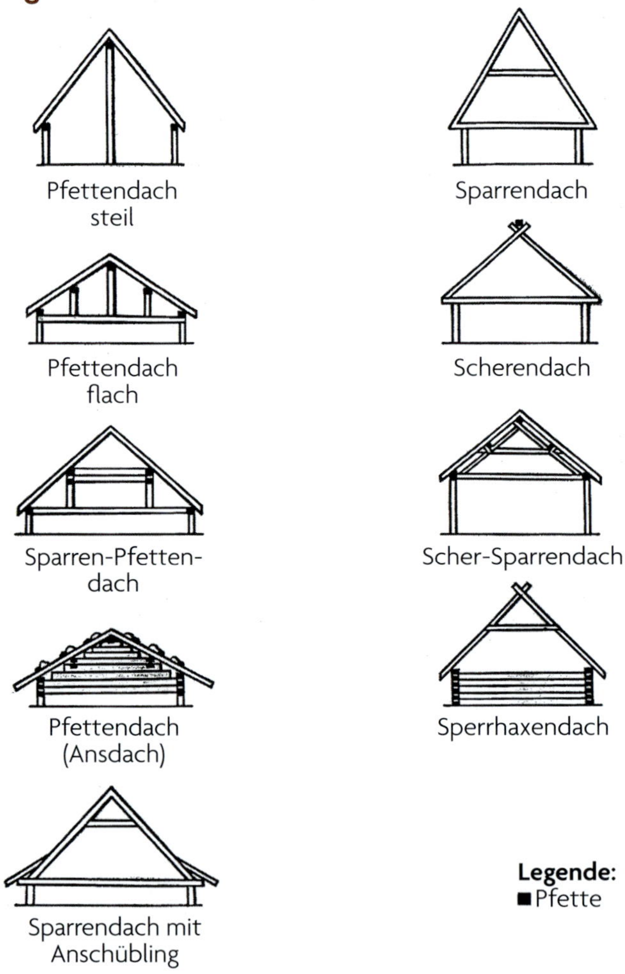

Die Dachdeckung

Leider ist durch das vielfältige Materialienangebot vor allem aus dem industriellen Bereich an eine einheitliche Dachlandschaft kaum mehr zu denken, dem aufmerksamen Beobachter gelingt es aber doch, auch außerhalb von Freilichtmuseen noch fast alle altartigen Dachdeckungsmaterialien zu finden. Für den Bereich der Holzdächer sind dies vor allem die Schindel- und Bretterdächer.

Dachschindeln

Gerade das Dach verleiht dem Haus und den Wirtschaftsgebäuden ein ganz spezifisches Aussehen, besonders dann, wenn es noch mit Holzschindeln regional verschiedenster Art gedeckt ist. Die Schindeldächer sind naturgemäß auf die alpine Hauslandschaft, wo dem Bauern Holz im reichlichen Maße zur Verfügung steht, begrenzt. Auch wenn der Bauer die Schindeln, soweit er die Erfahrung noch besitzt, selbst herzustellen vermag, werden sie auch in zunehmendem Maße bereits von der holzverarbeitenden Industrie angeboten.

Im Südtiroler Ultental wird die Erneuerung der Schindeldächer alter Bauernhöfe vom Landesverband für Heimatpflege aus Landesmitteln gefördert, um das traditionelle Erscheinungsbild zu erhalten. Dies könnte auch ein Denkanstoß zur erweiterten Schindelherstellung durch Waldbauern im Rahmen von EU-Förderungsmaßnahmen sein. Ansätze hierzu gibt es auch in der steirischen Almenregion (Teichalm – Sommeralm).

Für die Dachdeckung unterscheidet man aus historischer Sicht **fünf Deckungsvarianten**, entsprechend den Hauslandschaften:

- Legschindeldach
- Scharschindeldach
- Nutschindeldach
- Spanschindeldach
- Bretterdach

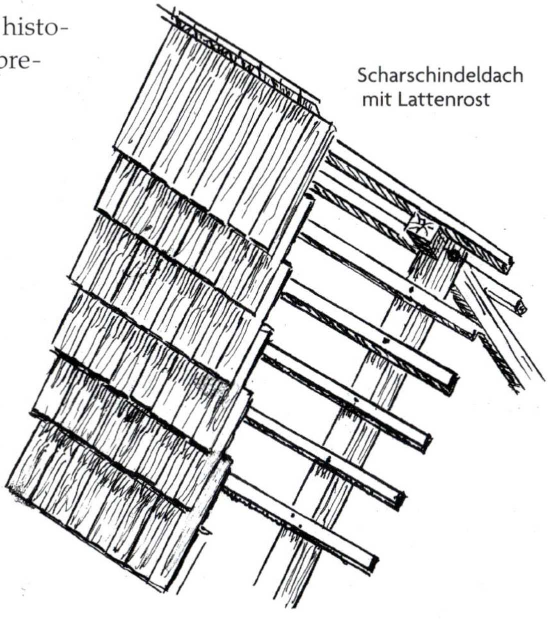

Scharschindeldach mit Lattenrost

Das **Legschindeldach** besteht zumeist aus maschinell oder auch aus noch handgeklobenen Schindeln von verwindungsfreien Lärchenstämmen.

Die Legschindeln werden nur, wie die Bezeichnung schon besagt, überlappend auf einen Lattenrost von Flachdächern gelegt und von Schwerstangen, mit Steinen beschwert, niedergehalten.

Nutschindeldach, Rammelhof
Waldviertel – NÖ

Der Vorteil der Legschindeldächer liegt in der Möglichkeit, nach Jahren Schindeln auszuwechseln oder auch umzulegen.

Man findet diese Legschindeldächer heute noch auf Almen und vereinzelt auf Heustadeln in den Flachdachregionen im westlichen Österreich.

Der ästhetische Reiz der noch vorhandenen Schindeldächer tritt besonders zutage, wenn schräg einfallendes Licht die vielen kleinen Unebenheiten vor allem bei älteren Schindeldächern durch die Verwitterung des Holzes silbrig-weiß bis mausgrau erscheinen lassen. Schindeldächer aus handgeklobenen Schindeln weisen eine längere Lebensdauer auf (bis zu 35 Jahre) als geschnittene.

Spanschindeldach
Saualm – Ktn.

Das **Scharschindeldach** ist in den Steildachregionen vorherrschend, die Schindeln werden auch am Lattenrost des Daches angenagelt und 2- bis 3-fach überlappend verlegt.

Das **Spanschindeldach** besteht aus sehr dünnen, händisch abgespaltenen, schmiegsamen, relativ bis zu einem Meter langen „Spänen“, die auch angenagelt werden. Bei der Verlegung wird allerdings darauf geachtet, dass die Späne, so wie sie abgespalten wurden, auch in der Reihenfolge am Lattenrost befestigt werden.

Die Spanschindeln eignen sich aufgrund ihrer Schmiegsamkeit auch zur Verlegung auf Glockentürmchen und Dächern für Bildstöcke im ländlichen Raum.

Sowohl bei den Schar- wie auch den Spanschindeln wurde früher eine optisch besonders wirksame Verlegungsart in Form eines Fischgrätenmusters von Schar zu Schar angewandt; leider ist diese Verlegungsart fast nirgends mehr zu entdecken.

Die **Nutschindeln** bestehen aus Brettchen, die auf einer Seite mit eigenen Messern eine Nut eingezogen haben und eine keilförmig zugespitzte Gegenseite haben, die wieder in die Nut der nächsten Schindel passt. Die Verlegungsart ist ebenso überlappend und die Schindeln werden auch auf einen Lattenrost genagelt. Das Verbreitungsgebiet ist hauptsächlich auf das südöstliche Niederösterreich begrenzt. Die Nutschindeln werden kaum mehr hergestellt.

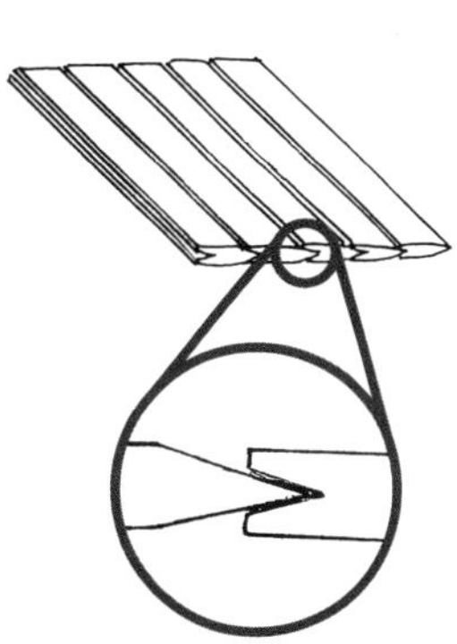

Nutschindeln

Zur Herstellung und den Größenmaßen der Schindeln

Die üblichen Maße der Schindeln sind nach Angaben der noch Schindeln erzeugenden Holzbauindustrie und Sägewerke sehr unterschiedlich, aber annähernd wie folgt:

	Länge	Breite	Stärke
Legschindeln	ca. 80 cm	20–25 cm	1,5 cm
Scharschindeln	ca. 20–60 cm	7–15 cm	1–1,5 cm
Nutschindeln	ca. 38–49 cm	7–9 cm	1,5–2 cm läuft spitz zu
Spanschindeln	ca. 90 cm – 1 m	< als 10 cm	1 cm
Dachbretter	sehr verschieden in der Ausformung		

Nutschindeln werden aus Fichtenholz gefertigt, Leg- und Scharschindeln überwiegend aus Lärchenholz.

Die Legschindeln und Scharschindeln werden vom Stock tangential gekloben, Nutschindeln nach dem Scheit vom Rand zum Kern des Stockes.

Wie zu erfahren war, sind zur Erzeugung von Schindeln drei Arbeitsgänge nötig: Zuerst das „Ablängen" des Baumstammes, der auch Schindelstock genannt wird, dann das richtige Spalten des Schindelstockes in der Längsrichtung und zu guter Letzt das Glätten und Ausrichten der Schindelbretter. Das Spalten erfolgt mit einem speziellen Werkzeug, dem Schindeleisen. Anschließend werden die Schindeln auf der „Hoanzlbank" (eine mit dem Fuß betriebene Einspannvorrichtung) „sauber gemacht", das heißt, die Oberfläche wird mit dem Reifmesser geglättet. Ehe die Schindeln verwendet werden können, sollten sie sauber geschlichtet – trocken und in so genannten Stöcken – ca. 1,5–2 Jahre gelagert werden.

Arten der Schindelspaltung

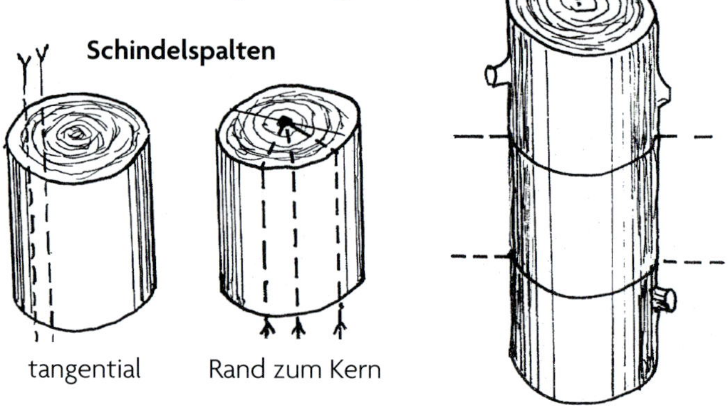

Nutschindeldach mit Dachluken (Ochsenaugen)

Legschindeldach mit Schwerstangen, Wegleithof **St. Walburg/Ultental – Süd-Tirol**

Umdecken eines Legschindeldaches

Spanschindeldach an einem Bildstock
Zauchen – Ktn.

Legschindeldach mit Holzdachrinne
Südtirol

Neu eingedecktes Schindeldach an einem Stadel
Deutsch Griffen – Ktn.

Bretterdach

Die Bretter mit einer durchschnittlichen Länge von 1,50 m und 15 cm Breite werden auch genagelt und überlappend verlegt. Sie werden heute vom Sägewerk bezogen und in der Regel für kleinere Nebenbauten – wie Feldstadel – verwendet.

Wandverkleidungen

Schuppenschindeln

In Vorarlberg, stark konzentriert im Bregenzerwald, sind viele der Wohnhäuser, vor allem ältere Bauernhäuser, mit dem so genannten Schindelpanzer verkleidet, auch bei Neubauten finden sie neuerdings wieder öfter Verwendung. Diese kleingliedrigen, wie Fischschuppen aussehenden Schindeln werden vornehmlich an Blockbauwänden, von Reihe zu Reihe versetzt, überlagernd angenagelt.

Wandverschindelungen

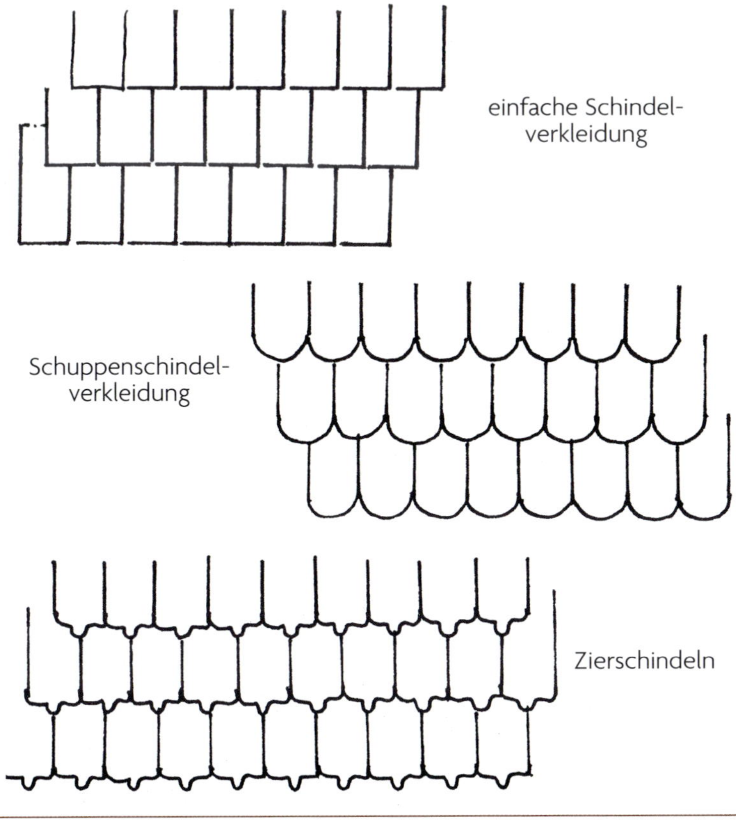

Wandverkleidung mit Schindeln
Mittelargenalpe Au/Bregenzerwald – Vbg.

Wandverkleidung
mit Brettern,
Schindeln und
Zierleisten
Herrenberg – OÖ

Schuppenschindel-
Wandverkleidung
(Schindelpanzer)
Bregenzerwald – Vbg.

Es sei hier schon vermerkt, dass an so manch altem Bauernhaus im hinteren Bregenzer Wald das schöne Schnitzwerk und Inschriften an den Blockwänden und im Giebelbereich durch die Überdeckung nicht mehr sichtbar sind. Besonders dekorativ und nur mit kleinformatigen Schindeln möglich, finden sich an vielen Häusern die so genannten Klebdächer; über jedem Fenstersturz, aber auch über die ganze Front des Giebels schwingen diese Klebdächer zum Schutz vor Schnee und Regen auf, sie bilden einen ganz eigenen Akzent in der alemannischen Hauslandschaft und Holzbaukunst.

Verschindelungen

Verschieden in der Ausführung sind die Schindeln im nördlichen Innviertel und z. B. an Scheunenwänden im Salzkammergut, aber man trifft sie ab und zu auch in anderen Hauslandschaften an. Die Verschindelung der Häuser begann sich erst durchzusetzen, als die Nägel nicht mehr handgeschmiedet, sondern wesentlich billiger durch die Eisenindustrie angeboten wurden.

Ein mit Schindeln verkleidetes Haus
Bregenzer Wald – Vbg.

Elemente der Giebelfront & Dachverzierungen

In der Ausformung der Giebelfront des Bauernhauses und des Daches liegen – im Besonderen beim Blockbau – viele beachtenswerte Elemente der Holzarchitektur und der Zimmermannskunst. Sie sind in sehr entscheidender Weise kennzeichnend für das äußere Erscheinungsbild des Hauses. Es handelt sich hier speziell um Zierformen des Dachsaumes, der Pfettenbrettchen, der Pfettenköpfe, des Ziergiebelbundwerkes und der Glockentürmchen. Die technische Notwendigkeit wird als Schmuck betont.

Pfettenbrettchen

Das Pfettendach besteht aus mächtigen, durchlaufenden Dachstuhlbalken (Pfetten), die von den im Blockbau errichteten Giebelwänden getragen und oft auch von Säulen unterstützt werden. Die gesamte Dachlast wird von den Seiten-, Mittel- und Firstpfetten getragen. Auf diesen lagern die Rofen (Rafen), die wiederum die Dachlatten mit der dazugehörigen Dachhaut tragen.

Dort, wo die Pfetten an der Stirnfront enden, werden zum Schutz des Hirnholzes vor Nässe und Witterungseinflüssen Brettchen angenagelt, die häufig mit Zierschnitt versehen sind. Die hervorragenden Pfetten werden durch weitere, unterhalb der Pfetten angebrachte Balken unterstützt und geben den Zimmerern immer wieder die Möglichkeit, durch Bemalung, plastische Verzierung, Beschriftung,

Kehlung und Schnitzwerk die dekorative Wirkung der Giebelfront zu beleben. Vielfach wurden diese Verzierungen auch aus Furcht vor Gefahren, die dem Haus drohten, wie Blitzschlag, Feuer, Sturm und vieles andere, aber auch aus Angst vor übernatürlichen Mächten, wie Geistern und Dämonen, angebracht, um durch ein geschnitztes Zeichen den Gefahren entgegenzuwirken. Besonders stark treten diese Zierelemente bei salzburgisch-tirolerischen Einhöfen und auch bei Paarhöfen in Erscheinung, ebenso bei obersteirischen Bauernhöfen.

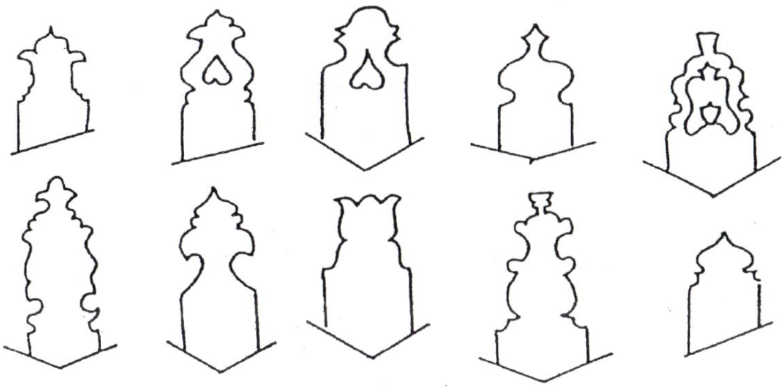

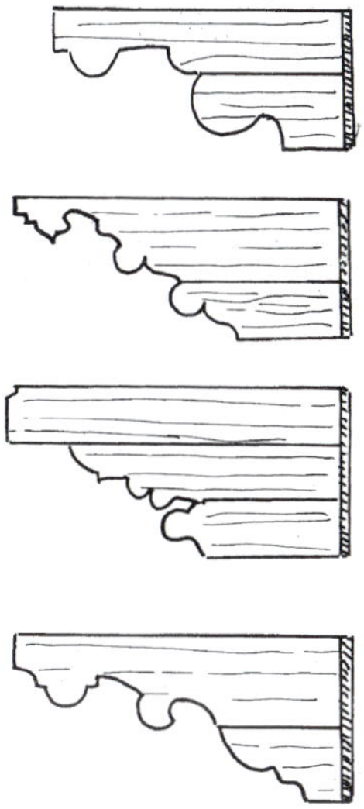

Da und dort bemüht man sich auch bei Neubauten, diese Elemente der Volkskunst und Holzarchitektur zu verwenden, doch allzu häufig fallen sie den damit verbundenen Kosten zum Opfer. Die Zimmerleute verfügten seinerzeit immer über eine reiche Sammlung an Musterblättern und Schablonen für Pfettenbrettchen, Balkonbretter und Zierleisten an den Windbrettern am Dach und bestimmten damit im 19. Jahrhundert in den verschiedenen Regionen das Erscheinungsbild der Dachlandschaften. Durch die maschinelle Holzverarbeitung fallen so manche schönen Ausformungen unter den Tisch. Revitalisierungen werden auf diese Weise leider einförmiger und ideenloser.

Pfettenbrettchen und Zierleisten an einer Giebelfront
Salzburg

Pfettenbrettchen
Osttirol

Giebelbundwerk

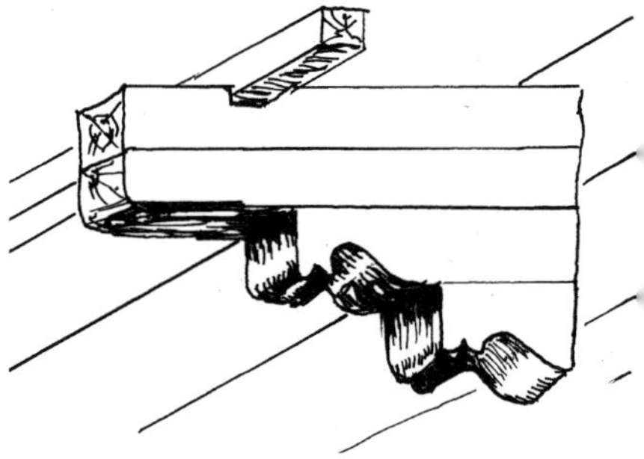

In den Hauslandschaften des oberen Inntales, bei den Mittertenneinhöfen um Innsbruck und den Bauernhäusern des Wipptales fällt ein ganz besonderes Element der traditionellen Zimmermannskunst auf – das Giebelbundwerk.

Den Giebelbereich zieren sehr dekorativ gestaltete Fachwerkgerüste mit Streben und Kopfbändern, die zur Stützung des weit hervorkragenden Daches dienen. Manche der geschnitzten Balken haben keine statische Funktion, sondern dienen nur als Zierde, so z. B. die geschnitzten Schlangenköpfe oder ein Teil eines Armes mit symbolhaftem Charakter. Die Streben des Bundwerkes liegen sichtbar vor der Brettverschalung des Dachraumes. Die großen Mittertenneinhöfe weisen oft auch ein offenes Bundwerk auf, um die Luft zum Trocknen der Feldfrüchte und des Heues durchziehen zu lassen.

Die Giebelbundwerke sind nicht nur auf Höfe in Blockbauweise beschränkt, sondern auch die mächtigen, aus Bruchsteinmauerwerk errichteten Oberländer Höfe (Oberinntal) sind im Giebelbereich mit prächtigem Bundwerk versehen, wobei auch ein kleiner Balkon die Front ziert und die Dachstützen im Mauerwerk ihren Halt finden.

Aufwändiges Gibelbundwerk

Verblattung mit Holznägeln
Mutters – Tirol

Giebelbundwerk

Giebelbundwerk mit Holznägeln

Einfaches Giebelbundwerk mit Kerbschnitzinschrift
Innsbruck – Tirol

Giebelbundwerk an einem Mittertennhof
Götzens – Tirol

Dachsaum und Zierleisten

Am Dachsaum der seinerzeit mit Legschindeln gedeckten salzburgisch-tirolerischen Pfettendächer sind zur Verkeilung bzw. Abdeckung der Dachlatten (Schwerstangen), auf denen Steine zur Beschwerung des Daches notwendig waren, so genannte Windbretter angebracht, die mit den Schwerstangen verzapft waren. Als die Legschindeldächer durch andere Deckungsmaterialien ersetzt wurden, verblieben die Windbretter aber und man versah sie mit Zierleisten. Am Dachfirst selbst finden wir an den Überkreuzungen der Windbretter Zierschnitte, die Pferde, Katzen oder andere symbolische Zeichen aufweisen. Man nennt sie auch Giebelkreuze oder Giebelzier.

Ein altes Merkmal für ein Wiener Vorstadthaus befindet sich in Sievering auf dem Schopf eines noch schindelgedeckten Hauses in Form eines Fächers aus zugespitzten Schindeln. Ähnliche Verzierungen sind noch in Mörbisch (Bgld.) in den Wohngassen auf den Dachgauben (Äugl) zu finden.

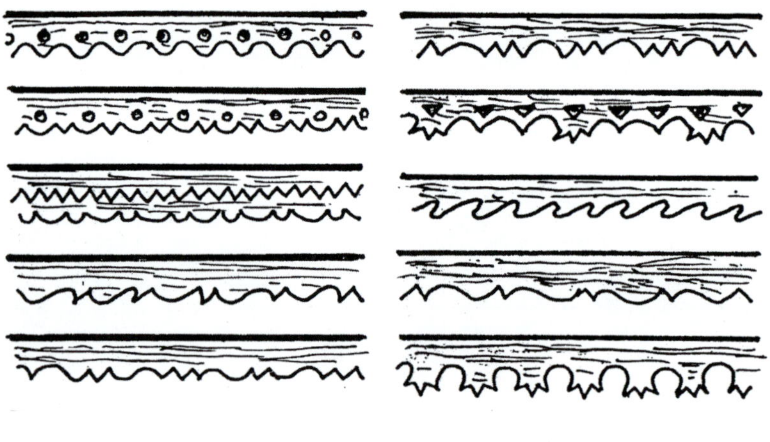

Stübl mit Giebellaube
und Giebelkreuz
Bucklige Welt – NÖ

Winzerhausgiebel mit
Luken und Fächern aus
Schindeln am First
Sievering – Wien

Saumbretter mit Gibelkreuz,
Wegleithof
St. Walburg/Ultental – Süd-Tirol

Glockentürmchen

In den salzburgisch-tirolerischen Hauslandschaften wie auch vereinzelt im oberen Ennstal und Kärnten sind die weithin sichtbaren Glockentürmchen am Dachfirst der bäuerlichen Wohnhäuser angebracht. Sie sind in ihrer Formenvielfalt ganz besondere Elemente der Holzbaukunst.

Regional werden sie Dachreiter, Essglocken, Zwölfer-, Mittags- oder Brotzeittürmchen genannt. Seinerzeit hatten sie, als es noch kein „Mobiltelefon" gab, die Funktion, durch ihr Geläut die „Leut" vom Feld hereinzurufen. Gleichzeitig fanden sie als Warnglöckerln vor einem heranziehenden Gewitter Verwendung.

Die Art der Türmchen ist in ihrem Aufbau regional sehr verschieden, sie reicht von ganz einfacher bis sehr aufwändiger Schnitzart in manchmal schon sehr dem rustikalen Kitsch nahekommenden Ausführungen. Meist weist das Türmchen ein kegelförmiges Schindeldach auf, darunter ist die Glocke angebracht. Das Kegeldach wird von zwei- bis sechsarmigen Streben getragen. Diese sind auf einem quadratischen oder polygonen Boden befestigt, die Anzahl der Streben wird durch die Art des Bodens bestimmt.

Manchmal reichte auch eine im ursprünglichen Zustand belassene, von Rinde befreite Astgabel, andererseits sind die Türmchen sehr oft noch zusätzlich mit kleinen zierlichen Glocken aus gedrechseltem Holz behängt – nur zur Zierde! An der Spitze des Türmchens befindet sich – beherrschend – der so genannte Wetterhahn, der im Volksglauben als christliches Symbol für erhöhte und immerwährende Aufmerksamkeit zu sorgen hat. Die Glocken wurden mittels einer langen Schnur vom ebenerdigen Hausgang aus geläutet.

Leider tauchen diese Glockentürmchen in anderen Regionen bisweilen auf Ferienhäusern von Zweitwohnbesitzern auf, wo sie in diesen Hauslandschaften auf bäuerlichen Gehöften nie üblich waren.

Ein vertrautes Glockengeläut ist leider heute schon dem Zeitgeist zum Opfer gefallen.

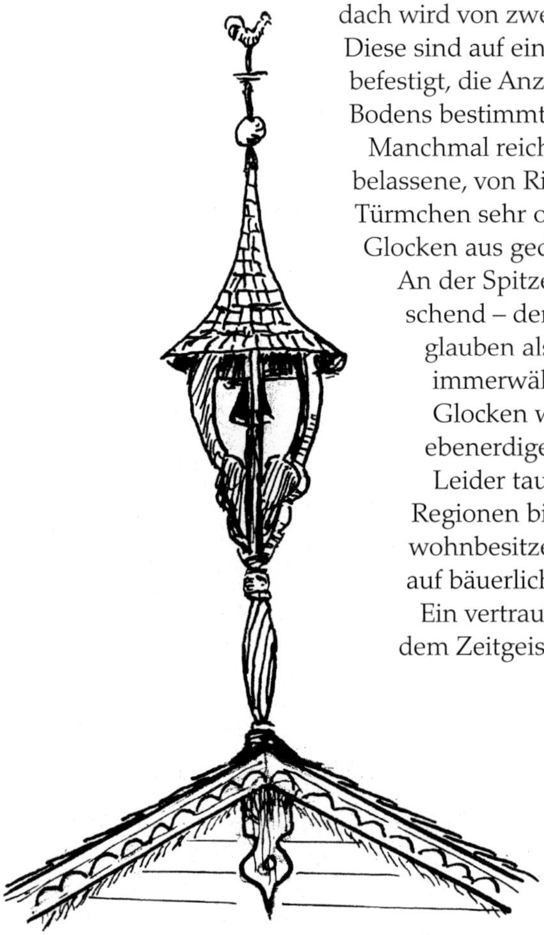

Glockentürmchen mit Wetterhahn

„Dachreiter", Glockentürmchen auf einer Astgabel
Wald im Pinzgau – Sbg.

Glockentürmchen
Gröbming – Stmk.

Speisglocke, Hanslerhof
Alpach – Tirol

Eckverbindungen im Blockbau

Die Eckverbindungen im Blockbau stellen eine Hochform der Zimmermannskunst dar und sind speziell bei Speicherbauten besonders beachtenswert.

Man unterscheidet grundsätzlich zwei Verschränkungsarten (siehe Zeichnungen): die Verbindungen mit Vorstoß und die Verbindungen ohne Vorstoß. Vorstoß heißt, dass die Verbindungen der Hölzer über die Kreuzungspunkte vorkragen, man nennt dies speziell im Rundholzblockbau auch Kopfschrot. Die gewissenhaft ausgeführten Eckverbindungen dienen vor allem der Festigung des Hauskörpers wie auch der Verringerung der beim Trocknungsprozess entstehenden Verwindungen des Holzes.

Bei den Kantholzverbindungen ohne Vorstoß erkennt man sehr oft eine kunstvolle Verzinkung (Schließschrot). Diese aufwändigen, heute kaum noch hergestellten Blockverzinkungen sind besonders erwähnenswert, zumal sie nur mit eigenen Schablonen und Klingeisen hergestellt wurden. Letzteres ist ein speziell für die Zimmermannsarbeit geformtes Werkzeug, mit dem nach den Schablonen der notwendige Schnitt durchgeführt wird. Es sind dies die Schwalbenschwanzverzinkungen in gerader oder gewölbter Ausformung sowie der doppelte Klingschrot (Schwalbenschwanz) und der seltene Kugelschrot, wie aus den Zeichnungen zu erkennen ist.

Um das Ausweichen der Balken nach außen zu verhindern, wurden die übereinanderliegenden Balken angebohrt und ein senkrecht verlegter Dübel trug zur Festigung bei. Dieselbe Funktion hatten die Schwalbenschwanzverzinkungen. Bei so manchem Abbruch eines Troadkastens zur Verlegung an einen neuen Standort – leider nur zu oft nicht mehr in die Region passend – ist es auch Fachleuten der

Eckverbindungen

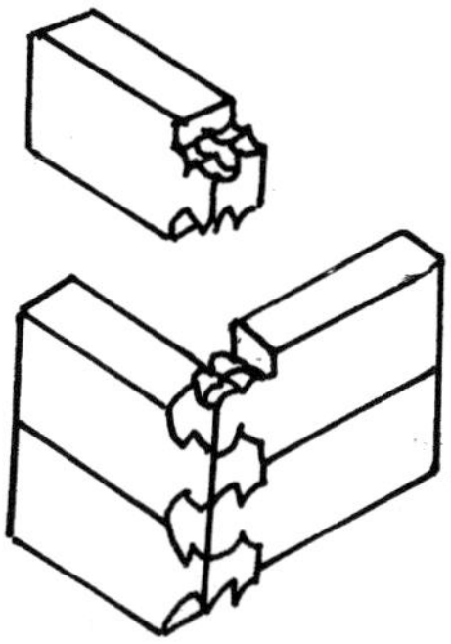

Einfacher Schwalbenschwanz

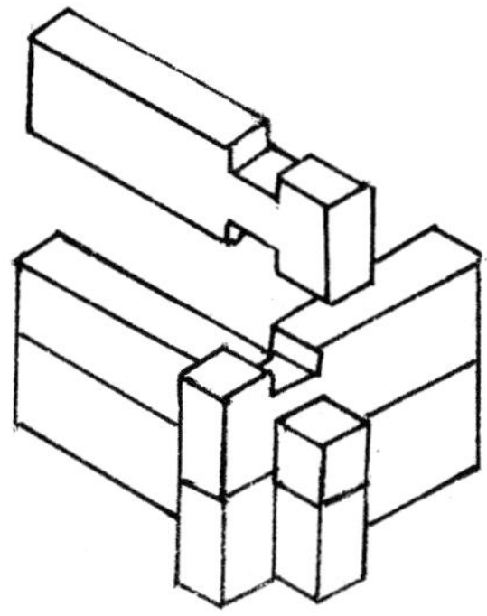

Kantholz mit Vorstoß

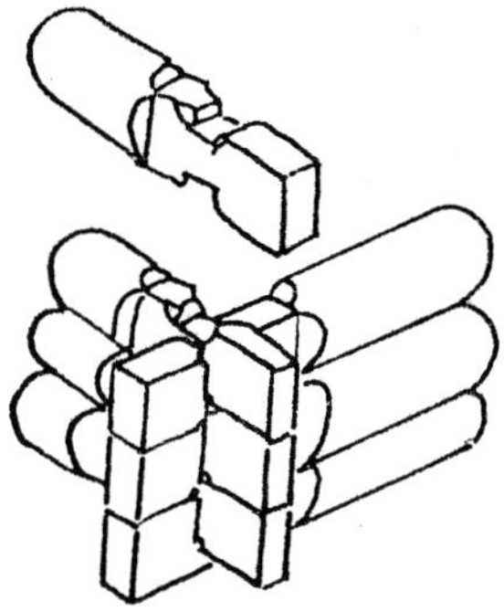

Rundholz mit kantigem Vorstoß

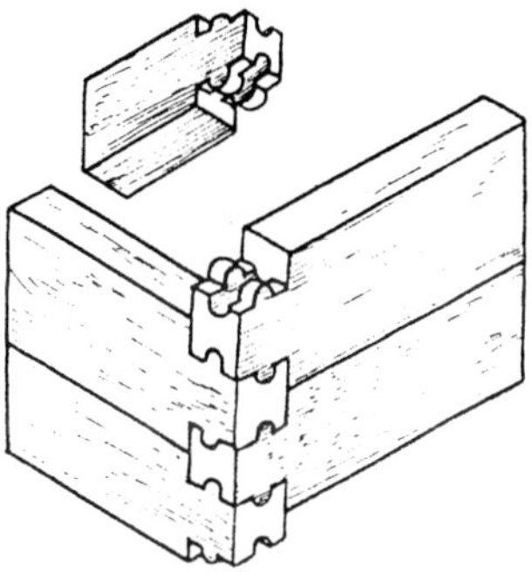

Kugelschrot

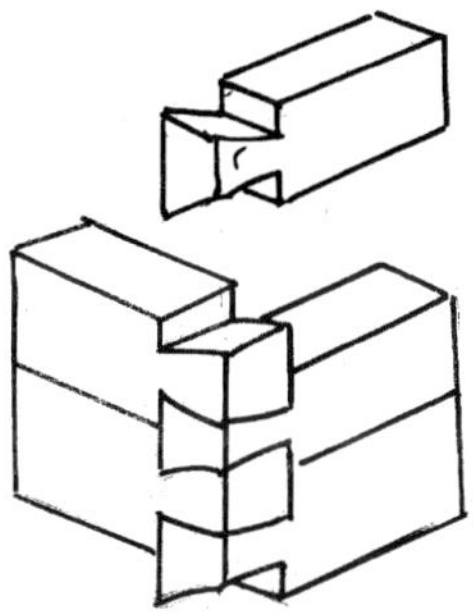

Geschwungener Klingschrot

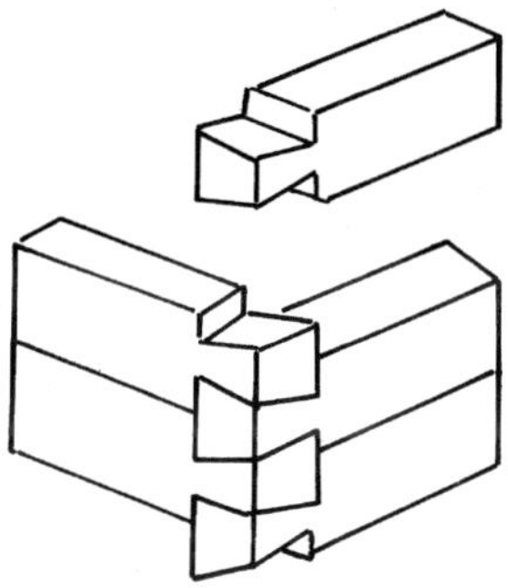

Gerader Klingschrot

Dichtungssysteme

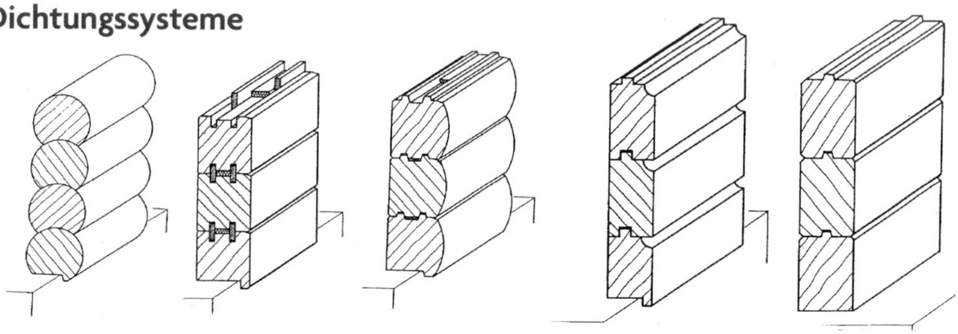

heutige Dichtungssysteme im Blockbau

Zimmerei kaum mehr gelungen, die Verzinkung schadlos wiederherzustellen.

Heute ersetzen neue Methoden der Ausformung der Balken die seinerzeit sehr zeitaufwändige und schwierige Abdichtung zwischen den Balken, die trotz langer Lagerung des Holzes aufgrund von Verwindungen und Austrocknung notwendig wurden.

Einfacher Schwalbenschwanzverzinkung
Fladnitz – Stmk.

Doppelte Schwalbenschwanzverzinkung
Kärnten

Überkämmung, Scheune
St.Nikolai/Güssing – Bgld.

Überkämmter Blockbau

Verwitterter Kopfschrot
Pfafflar – Tirol

Kantholzverzinkung

Überkämmter Blockbau
Einach an der Mur – Stmk.

Zierschrot

(„Malschrot“, auch „Figurenschrot“)

Eine nur mehr selten vorkommende Blockverbindung ist die Ausformung der Balkenköpfe (Hirnhölzer), sichtbar an den äußeren Wänden, die durch den Einbau von Zwischenwänden im Haus entsteht. Hier entwickelten die Zimmerleute eine Fülle von Zierschnitten (Malschrot), die Figuren, Rhomben, Kirchen, Arbeitsgeräte und vieles andere mehr darstellen.

Hiezu sei angemerkt, dass bei den seinerzeitigen verschiedenen kunstvollen Verzinkungen und Zierschrotausformungen die Holzbaukunst eine Vollendung erfahren hat, wie sie leider nie wieder erreicht wurde.

Verschiedene Ausformungen des Figurenschrots

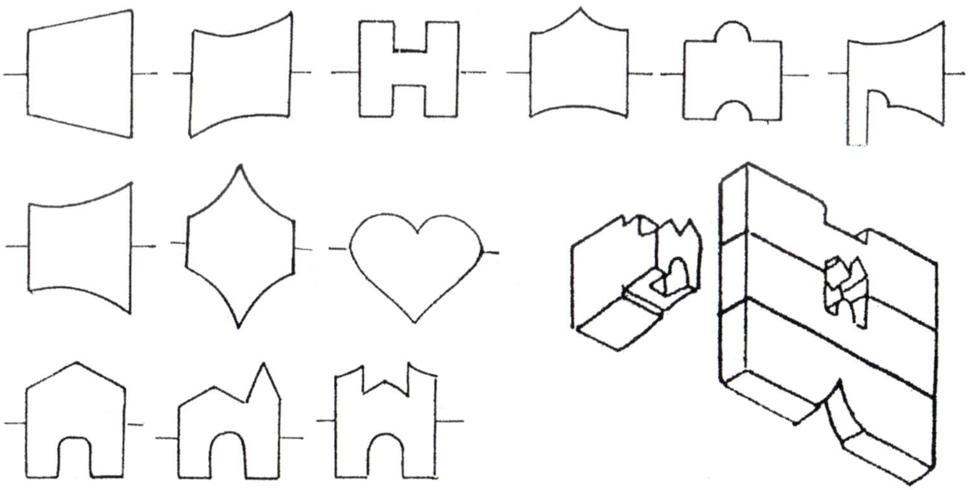

Figurenschrot

Figurenschrot eines Stadels, zum Teil bemalt
Michaelerberg – Stmk.

Getreidekasten des Paule mit dreifachem Glockenschrot
Ebene Reichenau – Ktn.

Blockhausspeicher „Troadkast'n"

Die „Troadkästen" sind ein Teil unserer typischen Hauslandschaften. Nicht von ungefähr werden sie auch als „Schatzkästlein" des Bauern bezeichnet, waren doch die Vorräte lebensnotwendiger Schatz für alle Hofbewohner.

Die Praxis, Vorräte wegen Feuergefahr in etwas abseits des Hofes gelegenen Baulichkeiten aufzubewahren, reicht sehr weit zurück, etwa in die Mitte des ersten Jahrtausends.

Allein das dichtgefügte Gebälk beim Blockhausspeicher mit geschweiftem „Klingschrot" an den Kanten, die verschiedenen Zierlatten sowie die Gitter an den oberen Luftluken zeugen von der Wertschätzung dieses Bauwerkes. Aber auch die Bauweise, besonders jene im Blockbau, weist auf die große Bedeutung dieser Speicher im ländlichen Raum hin. Die Zimmerleute zeigten hier ihr ganzes Können. Als Beweis dienen allein schon die kunstvollen Verzinkungen an den Kanten und die Verwendung des richtigen Holzes. Bei manchen Kärntner „Käst'n" sieht man die fast nahtlosen Fugen der Balken, die auch nach 200 Jahren noch so dicht wie ehedem sind. Dicht mussten sie auch sein, denn das „Körndl" lockte auch die Mäuseschar und andere Nager an. Die Käst'n sind oft

zwei Stock hoch. Die Mäuse- und Nagerplage erklärt auch, weshalb wir zwischen dem Unter- und dem Oberkasten, etwas ausgekragt, die so genannte „Mauswihr" (Mauswehr) finden. Dieser „Überhang" erwies sich für die Mäuse als unüberwindlich. Im Unterkasten wurden das „Körndl" – Roggen, Weizen, Hafer –, Saatgut und das Mehl in der Mehltruhe aufbewahrt. Eine Blochstiege führte durch eine „Luken" in den Oberkasten. Hier, im „Fleischhimmel", sind auf Holzgestellen die Speckseiten, der Schinken, das Geselchte und die Würste aufgehängt worden.

Auf einem „Brotrem" lagerten weiters die selbstgebackenen, frischen Brotlaibe einzeln hochstehend, wobei kein Laib den anderen berühren durfte, um eine etwaige Schimmelbildung zu verhindern.

Auch heute noch findet man bei abgelegenen Bergbauernhöfen, z. B. im Kärntner Nockgebiet, in Seitentälern der Mur, Salzach, Enns, in Ost- und Nordtirol, den Speicher in derselben Funktion.

Was bewahrte der Bauer im Speicher noch auf? Beispielsweise eingekochte Granten (Preiselbeeren), Schmalztöpfe, Salz, getrocknetes Holz und Heilkräuter sowie Kleider, Wolle und Flachs.

Oft kommt im Untergeschoß noch ein so genanntes „Machl" oder „Zoigkammerl" hinzu, wo man Ketten, Hacken, Sappln und Sägen unterstellte, aber auch reparierte.

Die so genannte „Hoanzlbank" stand zumeist im „Zoigkammerl" und ist heute noch dort im Gebrauch, wo der Speicher ein Spanschindeldach trägt, wie etwa in Kärnten, denn auf der „Hoanzlbank" wurden die Spanschindeln zugerichtet.

Auch in der Zeit, als die Speicher noch in voller Funktion waren, war man vor Einbruch nicht sicher. Ein Beweis dafür sind die kunstvollen Vorkehrungen an Türen und Schlosssystemen. Erstere sind innen meist mit Eisenbändern bewehrt und mit geschmiedeten Schlössern versehen.

Mit Lehm verputzter
Speicherbau
Unterschützen – Bgld.

Typischer Kärtner Troadkasten

Troadkasten mit Außenstiege **Mühlviertel – OÖ**

Kitting **Unterschützen – Bgld.**

Troadkasten **Afritz – Ktn.**

Kasten **Zedlitzdorf – Ktn.**

In Kärnten stehen die drei Stock hohen Kästen nicht selten auf Steinsockeln, während die Speicher in den Regionen östlich der Mürz, z. B. in der Buckligen Welt, der Eisenwurzen, den Fischbacher Alpen, auf Pfosten ruhen. Der freie Raum darunter dient auch als offener Wagenschuppen und als trockener „Machlplatz“. Dort, wo viel Obst und Wein wächst, trifft man auf die Kellerstöckl, wo im aus „Bruchstein“ gemauerten Untergeschoß der Most und der Wein in Fässern lagern und die auch als Pressstube dienen. Das Obergeschoß ist im Blockbau errichtet und weist meist nur einen Raum auf.

Unter anderem sind im oberen Liesertal bei Gmünd und in Muhr im Lungau einige schöne, allerdings aus Bruchsteinmauerwerk renovierte Speicher zu finden, weiß verputzt und zum Teil mit Kratzputz oder Fresko versehen.

Auch im Mühlviertel finden sich Getreidekästen, die sich von den Kärntner in Größe und Form unterscheiden. Außen verlaufende Stiegen, Balkone und besonders gefällige Tore verschiedener Muster stechen hier ins Auge – allesamt besondere Kleinode der bäuerlichen Holzbaukunst.

Im Mittelburgenland, in der Gegend von Unterschützen, findet man noch den Kitting (Kit = Bewurf) im Dorfverband – vollverputzte Blockspeicher mit einem aus Holz geformten Spitztonnengewölbe. Auf diesem sitzt auf zwei Balken das Strohdach des Speichers. Es wird behauptet, dass sich durch diese Konstruktion das Dach bei Brandgefahr leichter abwerfen lässt.

Auch wenn heute viele Speicher artfremd verwendet und vielfach auf einem dem Landschaftscharakter nicht entsprechenden Gelände wiederaufgebaut werden, sollte man doch die liebevolle Pflege und die Konservierungsarbeiten dieser Neubesitzer schätzen.

Es wäre eine sehr wertvolle Aufgabe der Bauernhausforschung, einen Gesamtüberblick aller Speichertypen Österreichs zu erarbeiten.

Stadel, Scheunen, Trockengerüste & Ställe

Drei Elemente des Holzbaues mit den Funktionen der Futterkonservierung, Trocknung und Lagerung bestimmen ganz wesentlich unsere Grünlandregionen.

Begriffe wie Stadel und Scheunen, auch als Feld- und Hofscheunen bezeichnet, führen innerhalb der Hauslandschaften Österreichs verschiedene Bezeichnungen. In ihrer Funktion sind sie gleich, aber in ihrer Form den Bau betreffend ganz unterschiedlich. Sie sind in Blockbau, Ständerbau oder Mischsystemen ausgeführt. Was die Holzarchitektur betrifft, werden diese Wirtschaftsbauten weitaus weniger beachtet als das Erscheinungsbild der Giebelfront eines in Kantholzblockbau errichteten Bauernhauses mit Balkonen, Giebelbundwerk, harmonisch gesetzten Fenstern und einladenden Türen oder Toren. Man vergisst auf die in schlichtester Art und Weise errichteten Heustadel auf den weiten Talböden oder auch steilsten Hängen des Grünlandgebietes und schenkt den oft archaischen Holzbauwerken kaum ein Augenmerk.

Stadel

Gerade die versprengten Heustadel sind Markenzeichen alpiner Regionen und prägen zweifelsohne die Kulturlandschaft in bedeutendem Maße.

Die Stadel sind naturgemäß entsprechend der betreffenden Hauslandschaft in der Ausführung unterschiedlich, grundsätzlich jedoch in Block- oder Ständerbauweise errichtet. Erstere war einstmals vorherrschend und die altertümlichen Formen mit den flachen Legschindeldächern, aufgebaut mit überkämmten Vollrundhölzern in einfach luftigem und lockerem Verbund, sind auch heute noch anzutreffen, vor allem in den Flachdachregionen im alpinen Westen Österreichs. Die mit Kopfschrot mittels Rundholz aufgezimmerten Stadel werden in Vorarlberg und Tirol auch als „gestrickte Stadel" bezeichnet. In den Steildachgebieten, wie z. B. in der Steiermark, im Salzkammergut und in Kärnten, ist der Ständerbau eher üblich und die Rundumschalung mit Brettern hat sich durchgesetzt. Eine Besonderheit und ein willkommenes Fotomotiv wie die alten Blockstadel mit Legschindeln und steinbeschwerten Dächern sind auch die an den Stadeln mit einem etwas vorgezogenen Pultdach in Reih und Glied über den Winter aufgehängten „Hiefler".

Stadel im Paznaun
Tirol

Scheunen

Sind die Stadel eher einzeln stehend in der Landschaft verbreitet, so stehen die Scheunen meist in Verbindung mit dem Bauernhof. Entweder sind diese im direkten Verbund bei den Einhöfen unter einem First oder als Quer- oder Längsscheunen hinter dem Hof angeordnet, z. B. im Weinviertel. Bei den Vierseithöfen des Innviertels stehen sie, soweit sie noch aus Holz gefertigt sind, in Verbund mit den anderen Wirtschaftsgebäuden. Nicht zu Unrecht schreibt Arch. Kräftner in seinem Buch „Naive Architektur": „Die Scheunen zählen zu den überzeugendsten Leistungen, die die bäuerliche Architektur in Niederösterreich hervorgebracht hat." Diese Anmerkung betrifft vor allem den Innenausbau durch die Zimmerleute. Sehr oft gibt es noch weit heruntergezogene Dächer, allerdings mit sehr sparsamen Verzierungen der Bretterschalungen, vereinzelt mit gekerbten, leicht geschwungenen Enden oberhalb der Scheuneneinfahrt.

Eine der markantesten Scheunenbauformen – Höhepunkt der bäuerlichen Holzbauarchitektur – sind die Bundwerkscheunen im westlichen Innviertel nächst Haigermoos, unmittelbar an der bayrischen Grenze. Bei diesen ist die gesamte Scheunenfront einschließlich beider Scheunentore mit einem rautenförmigen Gitterbundwerk versehen und die Überblattungsstellen werden mit handgefertigten Holznägeln, angeblich aus Zwetschkenholz, zusammengehalten. Die Verschalung liegt hinter dem Bundwerk, das Gitterwerk bleibt nur unter der Dachtraufe zum Zwecke des Luftdurchzuges offen.

Längsscheunen
Weinviertel – NÖ

Selten, aber doch noch in gutem Erhaltungszustand geblieben, sind einige im Innviertel und Salzburger Flachgau ornamental im Sägeschnitt ausgeführten Lüftungsgitter über den Scheunentoren, die Jahreszahlen, Initialen und Sprüche aufweisen.

Ställe

Stallbauten sind in ihrer Ausformung in den österreichischen Hauslandschaften ungemein vielfältig. Sehr oft hört man im Zusammenhang mit Stallbauten bei Paarhöfen die Unterscheidung Feuerhaus und Futterhaus.

Mit Futterhaus ist meist nichts anderes gemeint wie Stall und Scheune unter einem Dach. Es ist somit das wichtigste Gebäude des bäuerlichen Gehöftes zur Versorgung des Viehs.

Vom Gesichtspunkt der Holzbaukunst ist der Stall zu ebener Erde im Ausmaß und Erscheinungsbild weitaus weniger ins Auge springend als die Scheune darüber, die meist doppelt so hoch ist.

Abgesehen von den alpinen Stallscheunen, die oft im archaischen Block- und Ständerbau errichtet sind, findet man die Ställe meist gemauert.

Man nimmt eigentlich unbewusst den Stall kaum wahr, während die Hocheinfahrt mit großem Tor und Tennbrücke vom Hang aus viel eher ins Auge springt. Aufgrund der Vielfalt der dargestellten Elemente der Holzbaukunst im Außenbereich wird in dieser Arbeit auf die Funktion des Stalles im Innenbereich nicht eingegangen.

In vielen Abhandlungen über landwirtschaftliche Wirtschaftsgebäude findet man sehr oft von Hausforschungsfachleuten den Hinweis, dass der regionalen Bauweise der Ställe oder Stallscheunen eigentlich bisher wenig Aufmerksamkeit geschenkt wurde.

Pfostenscheune
St. Anton/Jaufental – Südtirol

Heustadel
Osttirol

Almstall in Rundholzblockbau

Heustadel mit aufgehängten Hieflern
Pitztal – Tirol

Gitterbundwerkstadl
Haigermoos bei Ostermiething – OÖ

Blockstadel in St. Lorenzen
Lesachtal – Ktn.

Scheune in Rundholzblockbau mit Tennbrücke
Kaisers – Tirol

Stallscheune mit Hocheinfahrt
Zirknitzen – Ktn.

Ständerbau – Stallstadl mit Lüftungsgitter
Gortipohl – Vbg.

Es wäre für Architekten und Zimmerleute sicher von Nutzen für die Holzbaukunst, einige Zielvorgaben für neue Stallbauprojekte vorzufinden, aber dem ist nicht so. Aus allfälligen Forschungsprojekten könnte man herauslesen, welche Funktionen der Stallbau in den verschiedenen Regionen Österreichs erfordert, um angepasst Planungen im Einklang mit der regionalen Hauslandschaft durchzuführen.

Doch bestehen sehr wesentliche Unterschiede in den Landschaftsformen, im Klima sowie in der Bodenbeschaffenheit und besonders beim Holzbau ist die nächstgelegene Baustoffquelle von großer Bedeutung, sofern nicht ein eigener Wald vorhanden ist. All diese Fakten beeinflussen die Planung. Es ist leider so, dass meist auf das regionale örtliche Erscheinungsbild kaum Rücksicht genommen wird. Im Falle von Einzelbauten sowie auch bei Stallscheunen sollte man aber nicht außer Acht lassen, den Holzbauten ein gewisses Gepräge zu geben und nicht nur aalglatte, farblose Gebäude in die Gegend zu setzen. Bei Stallscheunen könnten z. B. schön ausgeformte Lüftungsgitter, aufgeblattete Einfahrtstore und rund um die Stallfenster wenigstens Putzfaschen oder Holzrahmen in traditionellen Formen doch Anregungen bieten. Es erhebt sich tatsächlich die Frage, ob denn so mancher Landwirt trotz seiner meist prekären wirtschaftlichen Situation seine Eigenständigkeit, was das Gespür für die umgebende Landschaft betrifft, verloren hat? Gibt er sich in manchen Fällen ja sogar mit Stallneubauten zufrieden, die einer Baracke ähnlich sind. Dennoch gelingt es heute durch Verwendung von Rundholz, womöglich aus dem eigenen Wald, auch oft im Stallbau unkomplizierte Schlichtheit und Gediegenheit durch Verknüpfung von Form, Zweck und Tradition zu erzielen.

Trockengerüste

Trotz moderner Methoden der Futterkonservierung – wie Hochsilo, Fahrsilo und Ballensilage – ist das Trocknen von Heu unter freiem Himmel noch immer eine notwendige Art der Heugewinnung, obgleich auch Heutrocknungsanlagen in den Scheunen weite Verbreitung gefunden haben.

Heumandln und Strohpuppen

Noch zieren die Heumandln und schon sehr selten Strohpuppen (zusammengestellte Getreidegarben), auch „Kornmandln" genannt, zur Erntezeit Wiesen und Felder.

Besonders dort, wo die „Heuwerbung" – Heugewinnung – konzentriert auf maschinell schwer zu bearbeitenden Wiesen betrieben

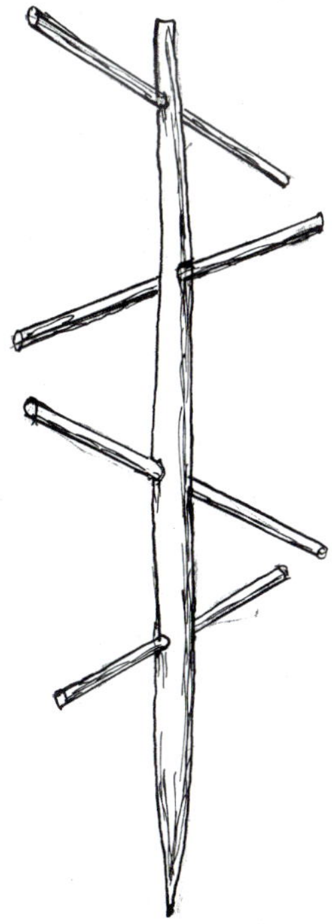

Heinze (Hiefler)

wird, glaubt man angesichts der vielen aufgebauten Heumandln wohl manchmal an einen militärischen Aufmarsch von Soldaten in geordneter Formation. Die modernen Methoden der Futterkonservierung und der Getreideernte mittels Mähdrescher verdrängen allerdings allmählich die traditionellen Trockengerüste.

Es gibt drei Arten von mobilen Heutrocknungsgeräten: Die Hiefler sind meist naturbelassene Wipfelstangen von Nadelbäumen mit Aststummeln, die Heinzen (Hoanzen) sind Rundhölzer oder Pfosten mit vorgebohrten Löchern, in die kreuzartig versetzt untereinander Sprossen gesteckt werden. Beide Arten müssen in den Boden gerammt werden. Die dritte Art sind die so genannten Schragen aus Rundholzstangen, die zu 3- oder 4-seitigen Pyramiden zusammengefügt werden, um auf diesen das Heu zur Trocknung aufzulegen. Man nennt diese Holzgerüste je nach Region Schragen, Dreibock, Krachsen oder Reuter. Die letztere Bezeichnung ist nicht zu verwechseln mit den nach 1945 aufgekommenen Schwedenreutern, bei denen das Heu auf Drähten zwischen zwei oder mehreren Pfosten aufgehängt wird.

Harpfen

Bei den an einem fixen Standort verbleibenden Trockengerüsten, auch Hilgen, Harpfen, Harfen und Kös'n genannt, unterscheidet man die Feldharpfen von den Hofharpfen.

Die Feldharpfen sind die großen, leiterartigen Trockengerüste auf den Feldern, die während des Winters nicht abgebaut werden. Sie bestehen aus zwei oder drei mächtigen Pfosten, meist aus Lärchen- oder Eichenholz. Diese weisen ausgestemmte Öffnungen auf, in die von Pfosten zu Pfosten horizontal bis zu 5–7 m lange Rundholzstangen eingeschoben werden – oft bis zu zehn Stangen übereinander. Die Pfosten sind im Boden gut verankert. Vielfach tragen die Harpfen auch ein schindelbedecktes Satteldach und sind echte Wahrzeichen bäuerlicher anonymer Holzbaukunst vornehmlich in Kärnten, Ost- und Südtirol. Die Hofharpfen sind eher in den Talschaften verbreitet, besonders im Kärntner Gail- und Drautal. Es handelt sich hierbei eigentlich nur um zwei parallel stehende Harp-

Kös'n
Bleiburg – Ktn.

Feldharpfe od. Kös'n
Osttirol

Maisspeicher
Bgld.

Feldharpfe
Mölltal – Ktn.

In Reih und Glied über den Winter in einem Hieflerstadel aufgehängte Heuhiefler

Getreide zum Trocknen aufgehängt
Osttirol

Köse
Dellach/Geiltal – Ktn.

Mais- oder Woazharpfe („Tschardacken“)
Mettersdorf am Saßbach – Stmk.

fen in einem Abstand von 4–6 m, überdeckt mit einem Sattel- oder Halbwalmdach. Bei manchen Hofharpfen hat die Bauweise noch eine Verfeinerung erfahren, indem eine Zwischendecke zu Lagerzwecken eingezogen wurde. Auf den beiden Schmalseiten verbindet die beiden Harpfenteile zur notwendigen Stabilisierung ein aufwändiges Bundwerk.

Auch an vielen Wirtschaftsgebäuden der alpinen Bauernhöfe, die in Block- oder Ständerbau ausgeführt sind, findet man an den Wänden die leiterartigen Trockengerüste, die in der Regel von schmalen Laubengängen, „Gang'ln", betreten werden können.

Es ist ein besonders eindrucksvolles Bild, wenn an den Tiroler Mittertenneinhöfen am Stadelteil, oft hauptsächlich zum Schmuck, Maiskolben in Form eines Kreuzes an den Trockenstangen aufgehängt sind.

„Tschardacken" – Maisspeicher

Im burgenländischen Seewinkel sind in den Hinterhofgassen der Dörfer noch einige „Tschardacken" (Lehnwort aus der kroatisch-türkischen Bezeichnung) erhalten geblieben. Sie dienen der Lagerung und Trocknung von Maiskolben. Die Speicher bestehen aus einem Verschlag mit aufrecht stehenden, zwecks günstiger Luftzirkulation sehr locker verlegten Latten. Getragen wird der Verschlag von Pfosten, die meist aus sehr naturwüchsigem Holz gefertigt sind. Über dem 1 m breiten, bis zu 3 m langen und 3 m hohen Speicher befindet sich ein schützendes Satteldach.

Die Speicher vermitteln ein für österreichische Dorflandschaften ganz eigenartiges Bild südosteuropäischer Prägung und gehören zweifelsohne zu den seltenen archaischen Elementen der ländlichen Holzbaukunst. Sogar im oberen Inntal bei Kematen sind noch einige „Tschardacken" erhalten geblieben, ebenso in der Umgebung von Leibnitz, die sich an den dortigen Maisanbaugebieten orientieren.

Maisspeicher
Podersdorf – Bgld.

Taubenkobel & Taubenschläge

In den Haken- und Streck-, mitunter auch Dreiseithöfen in Ostösterreich sind vereinzelt noch Taubenkobel anzutreffen.

Wenn sie auch nur mehr wenig Beachtung finden, sind sie doch vielfach von bäuerlicher Hand gefertigt, was sich aus manch praktischer Idee der Anfertigung und Aufstellung schließen lässt. So dient zum Beispiel als Basis des Kobels ein altes Wagenrad auf einem Pfosten, hoch über dem Niveau des Hofes. Auch geschnitzte Lüftungsöffnungen sind mit viel Fantasie im Kobel integriert. Ein besonders schönes Beispiel ist der viereckige, mit Zierschnittleisten und vorspringenden Eckrisaliten (Vorbauten) versehene Kobel aus Groß-Meiselsdorf im niederösterreichischen Weinviertel. Er besitzt an allen vier Seiten mehrere übereinanderliegende Einfluglöcher mit Sitzbrettchen. Ein kleiner Turm über dem Kobelgehäuse dient als Lüftungsabzug. Zum Schutz der Tauben vor Wiesel, Marder und Katzen steht der Kobel auf einer gemauerten Säule. Auch andere stehen in der Regel auf stärkeren Pfosten und befinden sich 3–4 m über dem Hofniveau. In der südlichen Steiermark bei Leibnitz ist auf einer Toreinfahrt ein großes Taubenhaus mit einem Krüppelwalmdach errichtet, welches über 100 Einfluglöcher aufweist. In Blockholzbauten, unter anderem in Tirol und Salzburg, sind in den Giebelfronten oberhalb der Balkonbrüstungen und Gewandgänge gerne Taubenschläge eingebaut worden und werden noch vielfach genutzt. Dennoch scheint die Haltung von Tauben im bäuerlichen Bereich im Rückgang begriffen zu sein.

Taubenkobel, Cselleymühle
Oslip – Bgld.

Taubenkobel, Neubau
Laab im Walde – NÖ

Taubenkobel
Altmannsdorf – Wien

Bienenhütten & Bienenstände

Diese kleinen, vielfach aus Holz mit schindelbedecktem Pultdach oder Schildpultdach versehenen Hütten im Nahbereich der Bauernhöfe sind in der Regel im verschalten Ständerbau errichtet. Die Vorderfront ist offen, sodass man die „Bienenwohnungen“, die Kastenstöcke, von vorne sehen kann. Je nach Zahl sind sie nebeneinander und auch übereinander angeordnet. Die Rückwand der Hütte lässt sich aufklappen, um zu den Kastenstöcken und somit zu den Honigwaben einfachen Zugriff zu haben.

In Bezug auf die Holzbaukunst sind besonders die Stirnbrettchen sowie die Ein- und Ausflugsöffnungen interessant, da sie meist traditionell mit naiver bunter bäuerlicher Malerei versehen sind.

Hin und wieder kann man auf den Balkonen der Giebelfronten älterer Blockbauten noch Bienenkörbe aus Stroh- oder Weidengeflecht aufgestellt finden, wobei sie leider nur mehr als Schmuck dienen.

In Bauernhaus einbezogener Bienenstand
Toldern – Tirol

Bienenhütte
Stübing – Stmk.

Bienenstand
Ennstal – Stmk.

Backöfen, Brechelstuben & Badstuben

Kleine Nebenbauten, etwas abseits der Höfe gelegen, waren einstmals wichtige bäuerliche Einrichtungen für die Selbstversorgung. Durch die heutigen Bewirtschaftungsformen haben diese Kleingebäude zum Teil ihre Bedeutung verloren. Vor allem die Bad- oder Brechelstuben sind völlig dem Verfall preisgegeben, soweit sie nicht zu musealen Zwecken wie in Freilichtmuseen oder für örtliche Fremdenverkehrsattraktionen revitalisiert bzw. wieder aufgebaut wurden.

Was die Backöfen betrifft, kann man feststellen, dass in den alpinen Regionen so mancher wieder in Betrieb genommen wurde. Bei Aktionen wie „Urlaub am Bauernhof" wird durch den Verkauf von Holzofenbrot sowohl am Hof wie auch am örtlichen Bauernmarkt die Funktion des frei stehenden Backofens wiederbelebt. Im Hinblick auf die Elemente der Holzbaukunst ist eigentlich nur die Schindeldachdeckung in Form von Schilddächern anzumerken. Vielleicht findet sich hie und da ein Kerbschnitzmuster am Dachgebälk, ansonsten sind die Öfen in Bruchsteinmauerwerk

ausgeführt. Sie sind jedoch für das Erscheinungsbild der Haufenhof-Hauslandschaften wichtig. In einigen Orten im oberen Inntal (Fiss) wie auch in Südtirol sind unter anderem Backöfen zu finden, die aus den Hausmauern herausragen und meist von Holzbohlen gestützt werden.

Ganz dem Verfall preisgegeben sind die Brechelstuben, die gelegentlich auch die Funktion einer Badstube übernahmen.

In Österreich sind Brechelstuben vielfach in jenen Hauslandschaften zu finden gewesen, wo der Flachsanbau üblich war, vor allem in den westlichen alpinen Regionen und im Waldviertel. Reste von Brechelstuben sind unter anderem noch in Kärnten und Salzburg anzutreffen.

Es handelt sich dabei um Holzblockbauten mit einem meist weit vorgezogenen, flachen Satteldach, wobei ein Teil zum Trocknen des Flachses von außen beheizbar war und der zweite Teil offen unter dem vorgezogenen Dach zum Brecheln des Flachses als Machelstube diente.

Ein Teil der Blockwand – der von außen beheizbare Ofen – war naturgemäß aus Bruchsteinmauerwerk aufgebaut und in einer Ecke integriert.

Die zweite Funktion – „die Badstuben" – war eigentlich eine altartige Sauna. Man goss in der Stube des Blockbaues auf die von außen geheizten Steine Wasser und erzeugte hierdurch Dampf für ein Schwitzbad. Der Verfall so mancher Badstube wurde seit 1736 eingeleitet, als man aus Gründen der „Sittlichkeit" im Zeitalter des Pietismus die Bauernsauna verbot. Wie glücklich wäre man heute, bei der Aktion „Urlaub am Bauernhof" eine derartige Sauna zur Verfügung zu haben.

Die Stützstreben des flachen Schindelpfettendaches und der Bohlenkranz waren häufig mit Kerbschnitzmustern versehen.

Die Brechelstuben wurden auch gerne zum Dörren des Obstes genutzt.

Darrofen
Stiwoll – Stmk.

Backofen
Ramsau, Ennstal – Stmk.

Alte Brechelstube (Badstub'n)
Heutal Unken – Sbg.

Backofen „Bilder Erker"
Tschirland – Südtirol

Backofen
Pinzgau – Sbg.

Brunnen

Holz ist, wie schon eingangs erwähnt, auch bei den Haus- und Dorfbrunnen, die wir im ländlichen Raum antreffen, ein bäuerlicher Werkstoff. Einzelhöfe, Weiler und Dorfsiedlungen waren von jeher an das Vorkommen von Frischwasser gebunden. Nicht von ungefähr sagt man, dass es in Europa nur mehr zwei Länder geben soll, die über genügend Trinkwasser bester Qualität aus Quellen und Brunnen verfügen und nicht wiederaufbereiten müssen – die Schweiz und Österreich.

Die Menschheit hat es zustande gebracht, das kostbare Nass zu nutzen. Der Bauernhof, das Dorf und die Stadt haben sich nach dem Vorhandensein von Wasser orientiert und Österreichs Kulturlandschaft wird von den Seen, Flüssen und den vielen noch vorhandenen Brunnenarten mitbestimmt. Man muss nur lernen, sie in ihrer Vielgestaltigkeit der Ausformungen zu sehen.

Im Großen und Ganzen handelt es sich bei den Brunnen im ländlichen Raum, die vorwiegend aus Holz gefertigt sind, um drei Hauptgruppen: die Laufbrunnen (Fließbrunnen) mit einer Brunnensäule, die Pumpbrunnen und die Schöpf- bzw. Radbrunnen, wobei die zwei letzteren vom Grundwasserstand abhängig sind.

Schöpfbrunnen **Bgld.**

Pumpbrunnen bei Marbach, **Wachau – NÖ**

Pumpbrunnen **NÖ**

Die Laufbrunnen weisen hauptsächlich hölzerne Brunnensäulen auf, die mit gedrechselten Aufsätzen versehen sind. Meist steht die Drechselarbeit – gestaltet von fachkundigen Zimmerleuten und Drechslern – im stilistischen Einklang mit der betreffenden Hauslandschaft. Natürlich sind auch geschnitzte Heiligenfiguren allgemein üblich. Nicht umsonst spricht man auch von Brunnenheiligen. Besonders beachtenswert sind die davor stehenden großen Holzschaffeln der Fassbinderwerkstätten, verfertigt aus Fassdauben. Man nennt diese Art von Brunnen „Schaffbrunnen" und findet sie vor allem in der Umgebung von Fiss im Oberinntal. Neben diesen Schaffeln stehen mitunter große Tröge. Sie sind aus einem einzigen Baumstamm gefertigt, wobei Lärchenholz allen anderen Holzarten vorgezogen wurde und wird. Diese Einbaumtröge weisen sehr oft auch Kerbschnitzmuster und Inschriften auf, ein Beweis dafür, welche Wertschätzung diesen Viehtränken von der Dorfbevölkerung entgegengebracht wird.

Manche Laufbrunnen sind nur mit Brettern verschalt. Darunter befindet sich Dämmaterial als Schutz gegen das Einfrieren der Wasserzuleitung. Sofern nicht Leisten die Bretter zieren, steht zumindest eine geschnitzte Figur am Säulenkopf.

Geschnitzte Brunnensäulen aus alten Baumstämmen, die angemalte Gesichter, Wurzelmännchen, Kobolde oder Zwerge darstellen sollten, nähern sich in gefährlicher Weise einer verkitschten Alpinkultur.

Manche Hobbyholzschnitzer – oder ist es schon ein Gewerbe – wollen mit ihren Ausformungen unbedingt einem falsch verstandenen Zeitgeist entsprechen. Diese Art von Laufbrunnen ist aber kaum Flurdenkmälern zuzuzählen.

In den außeralpinen Regionen, wo dem Brunnen zumeist kein fließendes Wasser zugeführt wird, sind Schöpfbrunnen üblich. Bei diesen wird das Wasser mittels Schöpfeimern hochgeschöpft.

Bei den im Burgenland nur mehr selten anzutreffenden Ziehbrunnen hängt der Schöpfeimer entweder an einer Kette oder an einer Stange am längeren Arm eines sich über einer Baumgabel

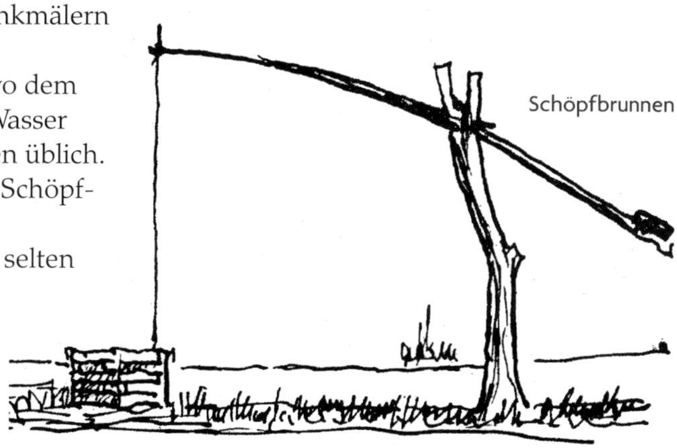

Schöpfbrunnen

Ziehbrunnen
Seewinkel – Bgld.

Gedrechselter Brunnen
Alpbach – Tirol

Kegelschindeldach über einem Brunnenstock mit Skulptur
Axams – Tirol

Trogbrunnen
Pinzgau – Sbg.

Leierbrunnen
Steinberg – Bgld.

Fließbrunnen
Grundalm – Ktn.

bewegenden Schwengels, dessen kurzer Arm mit einem Gegengewicht versehen ist. Letzteres erleichtert das Hochziehen des mit Wasser gefüllten Schöpfeimers. Der Brunnenschacht ist üblicherweise mit einer Brüstung aus Kantholz eingefasst. Diese Ziehbrunnen sind besondere Merkmale der österreichischen Pusztalandschaft.

Eine andere Art ist der Rad- oder Leierbrunnen. Auf einer Welle, die mit dem Rad (Radwinde) horizontal verbunden ist, wird mit einem Seil oder einer Kette der Eimer hinuntergelassen und dann heraufgeleiert.

Die Brunnenhäuser sind meist mit einem Sattel- oder Halbwalmdach überdeckt, welches auf zwei Pfosten ruht. In den Pfosten ist die Welle zum Aufziehen gelagert.

Zuletzt sei noch der Pumpbrunnen angeführt, der neben dem Pumphebel am Pumpenkopf oft Zierschnitte aufweist.

Durch die Einführung von Wasserleitungssystemen sind seinerzeit viele alte Brunnen abgetragen worden. Im Rahmen der Ortsbildverschönerung bemüht man sich heute wieder – vor allem in der Oststeiermark und im Burgenland –, einige „noch" verbliebene Brunnen wieder zu revitalisieren.

Schaffbrunnen mit verziertem Brunnenstock

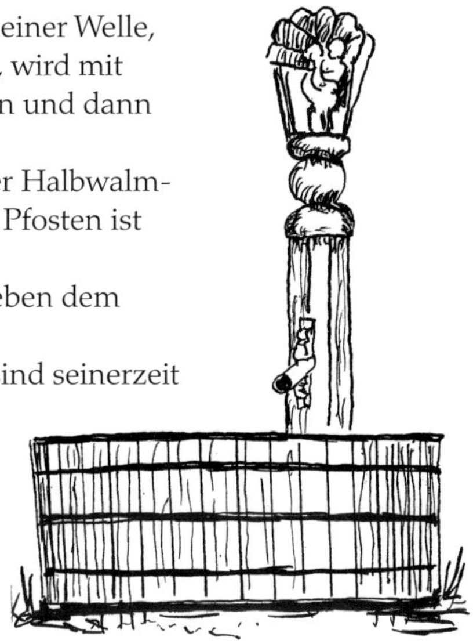

Verschiedene Brunnenstöcke

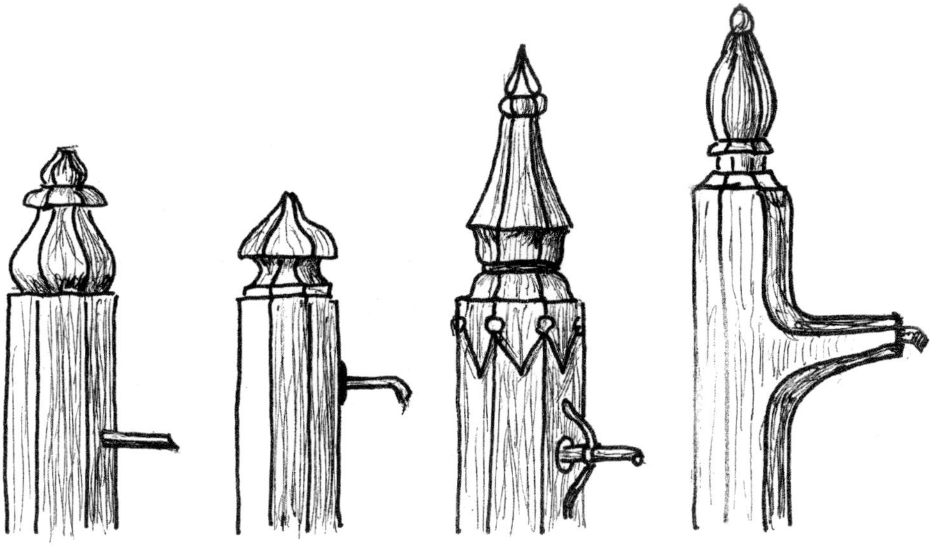

Brunnen des Laarer's
St. Nikolai – Stmk.

Schaffbrunnen mit Trog
Fiss – Tirol

Brunnen der Alpe Mittelargen
Au/Bregenzer Wald – Vbg.

Holzzäune & Zaunlandschaften

Holzzäune in ihrer unterschiedlichen Form sind oft ganz typisch für bestimmte Regionen und gewissermaßen ein Teil von ihnen. Viel zu oft werden leider diese Zeugen traditionsreichen handwerklichen Könnens gegen neue „gesichtslose" und somit untypische Zaunformen eingetauscht.

Welch belebenden, malerischen Eindruck in der Kulturlandschaft machen in den Grünlandgebieten heute noch die ab und zu anzutreffenden Holzzäune, die sich über Alm, Berg und Tal dahinziehen! Welch einen trostlosen Anblick hingegen bieten die „Surrogate", die billigeren „Stacheldrahtverhaue", gefährlich für Mensch und Tier. Wenn es auf die Landschaftspflege ankommt, die heute viel Grund zur Diskussion gibt, sollte man sich der alten Zaunformen entsinnen, die mit viel technischem Können über Jahrhunderte hinweg neu gebaut, gepflegt und ausgebessert wurden. Aus landtechnischer Sicht ist beispielsweise gewiss nichts gegen die abbaubaren Elektrozäune einzuwenden, aber zumindest rund um den Bauernhof sollte es keine Stacheldrahtzäune geben, die das Erscheinungsbild des Hofes „zieren". Vor allem dann nicht, wenn dieser im Fremdenverkehrsgebiet liegt und „Urlaub am Bauernhof" ein zusätzliches Einkommen bringen soll. Dasselbe gilt für den Dorfbereich, wo oft hässliche Garten- und Vorgartenzäune sowie andere Abgrenzungen das Gesamtbild „verschönern": Vierkantige Eisenstäbe werden „phantasievoll" zusammengeschweißt und mit Silber- oder Bronzefarben lackiert.

Freilich darf man heutzutage die Situation nicht nur krankjammern, sondern muss auch Alternativen anbieten:

Holzzäune und Hecken entsprechen doch viel eher dem ländlichen Raum. Über die Haltbarkeit eines schönen gestrichenen Lattenzauns sollte man sich keine Sorgen machen. Die Holzindustrie hat Mittel und Wege gefunden, die Zaunelemente unter Verwendung von hohem Druck und umweltfreundlichen Konservierungsmitteln so herzustellen, dass für das Holz eine lange Lebensdauer gewährleistet werden kann.

Im Hinblick auf die vielen schönen alten Zaunformen – etwa zwanzig verschiedene Arten in Österreich – sei auch hier festgestellt, dass die Formen älteste Relikte des handwerklichen bäuerlichen Könnens und der Technik sind und zur Volkskunst zu zählen sind.

Der Verfasser hat bei seinen Feldforschungen und fotografischen Arbeiten unter anderem im salzburgischen Rauris am Rand des Nationalparks „Hohe Tauern", in Filzmoos und Habach bei Bramberg, im Naturpark Kärntner Nockalm, im Arlberggebiet, aber auch in der Buckligen Welt sowie in der steirischen Waldheimat und in der Region Fladnitz – Teichalm Beispiele von neu aufgebauten alten Zaunformen festgestellt. Die zaunerzeugende Holzindustrie stellt allerdings keine Zäune für das Grünlandgebiet her, sondern beschränkt sich mehr auf solche für den Dorfbereich.

Auf eines sollte jedoch bei den angebotenen Zaunvariationen geachtet werden: Im Siedlungsbereich passt besser ein Zaun, der vertikale Elemente aufweist, also ein schöner Holzlattenzaun.

Wegen der einfachen Herstellungsweise, dem nicht allzu hohen Holzverbrauch und dem vergleichsweise geringen Arbeitsaufwand eignen sich im Grünlandgebiet vor allem der Stangenzaun, Schröghag, Kreuzhag, Bänderzäune sowie der einfache Bretter- bzw. Schwartlingzaun. Im Bereich von Gemüse- und Vorgärten sollten hingegen vor allem Lattenzäune Verwendung finden!

Die auf der Zaunformenkarte dargestellten Zäune zeigen darüber hinaus viele weitere Arten, die aber oft sehr schwer herstellbar sind und für die sich kaum noch Leute finden, die diese Zäune aufstellen können.

Nachstehend seien nun einige übliche Zaunformen in Skizze, Fotografie und Herstellungsweise beschrieben; auch die zugehörige Region wird angegeben.

Adolf Loos: „Achte auf die Formen, in denen der Bauer baut, denn sie sind der Urväter Weisheit gewonnene Substanz."

Holzarten

Für Hag und Zaun kommen im Allgemeinen viererlei Holzarten zur Anwendung: Fichte, Lärche, Zirbe, Föhre.

1. **Zaunstecken**, in den Boden geschlagen, werden meistens aus Lärchen- (länger haltbar, Feuchtigkeitsresistenz) oder Fichtenästen hergestellt.

Zaun- und Hagformen in Österreich

1 Stangenzaun
2 Schröghag
3 Kreuzzaun
4 Staudenhag – Almzaun
5 Pinzgauer Zaun – „Girschten“
6 Girschten mit Widn
7 Bänderzaun waagrecht/schräg
8a Flechtzaun mit Spelten
8b Flechtzaun – dicht
8c Flechtzaun – Schwelten
9 Spitzzaun
10 Schwartlingzaun
11 Schilfzaun

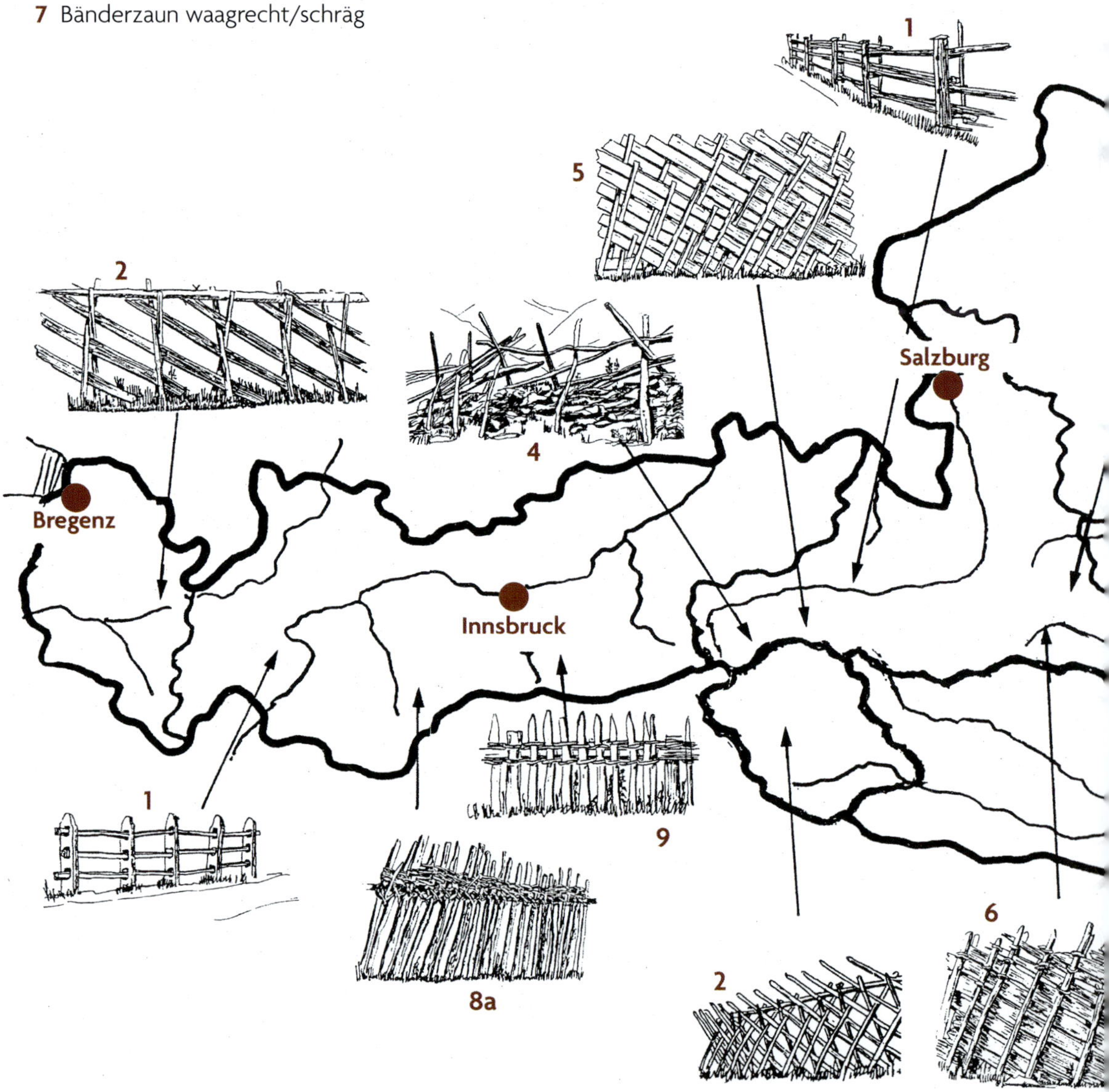

3
4
10
11
WIEN
Linz
St. Pölten
Eisenstadt
8b
7
Graz
7
Klagenfurt
8c
7

2. **Zaunstangen** sind ungespaltene Wipfelstangen (Rundholz) von Fichten (Bänderzaun, Stangenhag, Schrög).
3. **Spalt-, Spelten-, Girschtenholz** ist gespaltenes Holz der Fichte; seltener werden Lärche und Föhre verwendet.
4. **Zaunringe** bestehen meist aus grünen Fichtenästen.
   a) Nach dem Bähen über dem Feuer werden sie kreisrund zusammengedreht und bis zum Aufstellen des Stangenhags gelagert.
   b) Fichtenäste werden nach dem Bähen – wenn der Zaun aufgestellt wird – sofort in Achterschleifen um die Zaunstecken gebunden und dabei in sich gedreht.
5. **Pfötschen:** Geäst, Reste aus einem Schlag, auf den Almen werden auch Legföhren dazu verwendet.

Holz- & Zaunarten

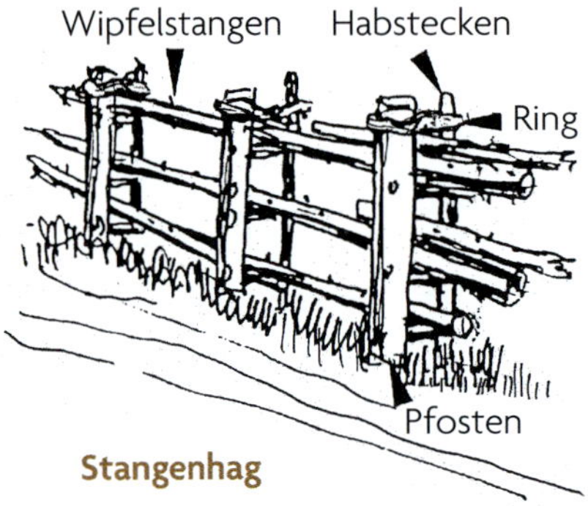

Stangenhag

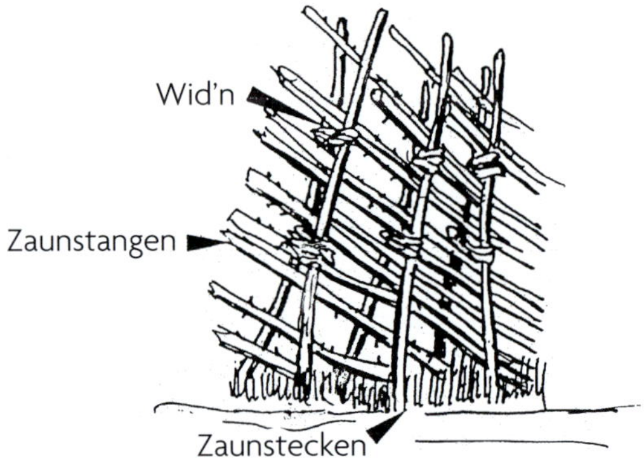

Ringzaun aus Stangen

Girschtenzaun

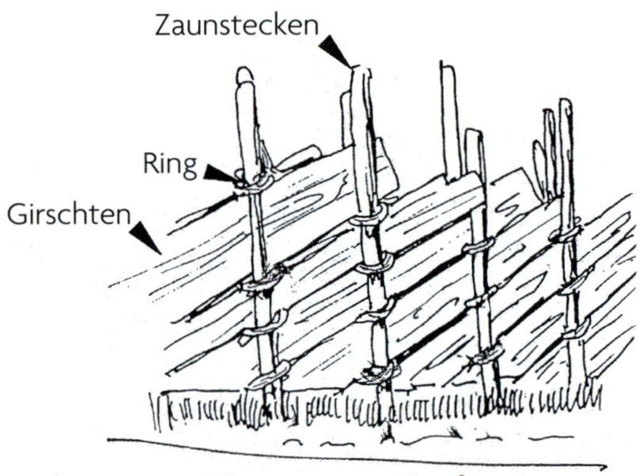

Ringzaun aus Girschten

Zaunformen

Stangenhag mit Pfosten und Habstecken

Stangenhag

Weitere Bezeichnung: G'hag
Verbreitung: ziemlich weit verbreitet, konzentriert vor allem entlang des Alpenhauptkammes, Südtirol, Oberinntal, Graubünden, Oberkärnten.

Ein Pfosten mit etwa 12 cm Durchmesser wird in den Boden gerammt. Dieser Pfosten, auch Zaunsäule genannt, ist mit 5–6 Löchern versehen, in die hölzerne Zaunnägel geschlagen werden (manchmal auch alte Hufeisen).

Auf diese Zaunnägel werden dann untereinander 5–6 Stangen gelegt. Damit diese nicht herunterfallen, wird parallel gegenüber zum Pfosten ein Habstecken in den Boden gestoßen, der die Stecken „habt".

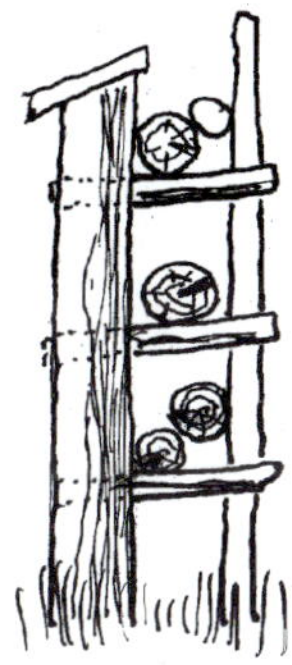

Ein Zaunring (Widen) hält den Habstecken zum Pfosten. Die Entfernung von Pfosten zu Pfosten beträgt etwa 4–6 m, entsprechend der Länge der Stangen. Bei Verwendung von alten Hufeisen erübrigt sich der Habstecken. Diese Hufeisenpfosten sind meistens bei Durchlässen vorzufinden. In manchen Fällen werden in die starken Pfosten Löcher gestemmt und in diese dann die Stangen gelegt; dadurch erübrigt sich auch der Habstecken. Besonders bei Durchlässen wird diese Art Hag auch bei festen Zäunen angewandt.

Schröghag

Weitere Bezeichnungen: Kreuzzaun, Höggenzaun (Lungau), Ablegzaun (Kärnten), Schrög.
Verbreitung: relativ häufig, Almgebiete wie auch Seitentäler der Alpen.

In 2–3 m Entfernung werden zwei Stecken kreuzweise in den Boden geschlagen. Über deren Kreuzungspunkte werden waagrecht liegende Stangen gelegt. Bei zum Kreuzungspunkt schräg gelegten Stangen nennt man den Hag Schrög. Die Schrög eignet sich für sehr welliges Gelände, wobei manchmal die Stangen vom Boden zum Kreuzungspunkt waagrecht liegen, so steil ist der Abhang

Schröghag mit aufgelegter Wipfelstange

Stangenzaun mit ausgehöhlten Pfosten
Mölltal – Ktn.

Schroghag
Stuben/Arlberg – Vgb.

Stangenzaun
Ramsau – Stmk.

Ringzaun aus Girschten
Maria Saal – Ktn.

Kreuzzaun
Lungau – Sbg.

(Reitg'hag). Wenn die Abstände der Stecken sehr kurz aufeinanderfolgen, ca. 2 m, und statt Stangen Spelten (von gespaltenem Holz abgeleitet) Verwendung finden, spricht man vom Schränkzaun, der allerdings schon zu den permanenten Zäunen gezählt wird. Alle diese Arten werden ohne Ringe oder Bänder hergestellt.

Kreuzzaun

Weitere Bezeichnungen: Stangenzaun, Rantzaun, Rannggzaun.
Verbreitung: Salzburg: Pongau, Tennengau, Lungau; Oberkärnten, Südtirol.

3–6 Steckenpaare werden schräg in den Boden geschlagen, sodass sich jeweils 3–6 Kreuzungspunkte bilden. Auf diese Kreuzungspunkte (Scheren), die von oben nach unten etwa 30–50 cm Abstand aufweisen, werden 3–6 Stangen gelegt. Die Steckenpaare weisen etwa einen Abstand von 4–5 m auf. Dieser Kreuzhag lässt sich auch auf steilem Gelände zur Fallrichtung gut aufbauen, da die Stangen jeweils auf einen nächsthöheren Kreuzungspunkt gelegt werden können und demnach fast waagrecht zu liegen kommen (Reitg'hag).

Ein derart fester Kreuzhag kann auch zu den länger verbleibenden Zäunen gerechnet werden, so die Steckenpaare tief genug in den Boden gerammt werden.

4-facher Kreuzhag

Girschtenzaun

Weitere Bezeichnungen: Schrankzaun, Pinzgauerzaun, Schrägzaun, Steckenzaun.
Verbreitung: gesamtes Alpengebiet; konzentriert im Pinzgau, Pongau, oberen Ennstal, Oberkärnten, Osttirol, Nord- und Südtirol, auch Vorarlberg.

Der Zaun hat zwei ganz bestimmende Charakteristika: erstens die Girschte oder auch Spelte (von gespaltenem Holz abgeleitet) und die Verschränkung mit Zaunstecken unterschiedlicher Länge bzw. Häufigkeit sowie, zweitens, die Dichte des Zaunes. Dieser Zaun ist wohl der dichteste, haltbarste aller seiner Arten; er benötigt sehr viel Holz und eine hohe Sachkenntnis bei der Herstellung. Zwischen schräg eingeschlagenen, gekreuzten Stecken werden die Girschten schräg eingelegt. Je nach Anzahl der Kreuze handelt es sich um einkreuzige oder um zwei- bis fünfkreuzige Girschtenzäune, wobei die vier- bis fünfkreuzigen am dichtesten sind.

Die Girschten mit einer Länge bis zu 2,70 m werden mit den Stecken verschränkt; dadurch erhält der Zaun eine hohe Spannung und Haltbarkeit. Nicht einmal ein Feldhase sollte durchschlüpfen können. Die Girschten sind meist aus Fichten-, die Stecken üblicherweise aus widerstandsfähigem Lärchenholz.

Girschtenzaun

Girschtenzaun mit Wid'n

Weitere Bezeichnungen: Bänderzaun, Ringzaun.
Verbreitung: wie Girschtenzaun.

Im Unterschied zum normalen Girschtenzaun werden hier die Girschten zwischen jeweils zwei ungekreuzte Zaunstecken gelegt, die mit Wid'n oder Ringen zusammengehalten werden. Diese befinden sich nur im oberen Drittel des Zaunes; eine Verschränkung der Stecken ist nicht üblich. Letztere werden meist schräg eingeschlagen.

Girschtenzaun mit Wid'n

Neu errichteter Girschtenzaun

Girschtenzaun, Hanslerhof
Alpbach – Tirol

Stangenhag
Osttirol

Neu aufgestellter Banderzaun
Weizklam – Stmk.

Banderzaun
Mönichkirchen – NÖ

Bänderzaun

Weitere Bezeichnungen: Ringzaun, Schusszaun, Wid'nzaun, Andrehling.
Verbreitung: relativ weit, auch im waldreichen Alpenvorland, Waldheimat, Wechselgebiet, Bucklige Welt, Pack- und Saualpe, Teichalm – Sommeralm.

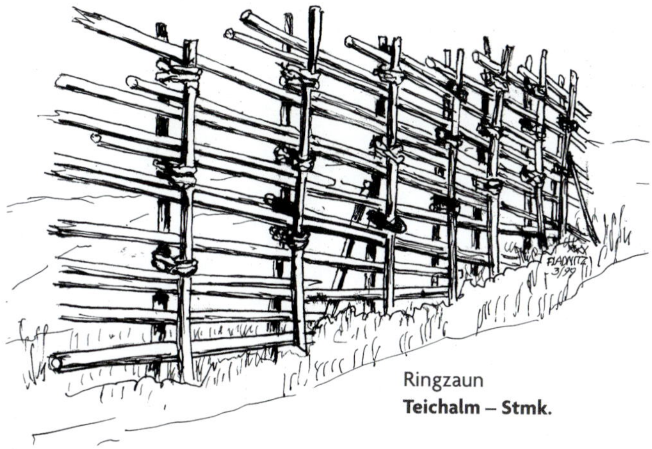

Ringzaun
Teichalm – Stmk.

Die wichtigsten Bestandteile dieses Zaunes sind die Zaunringe, die ihm die Festigkeit geben. Sie werden aus Fichtenästen hergestellt. Zum Erreichen einer höheren Geschmeidigkeit werden die Zweige über offenem Feuer erhitzt und heiß in Achterschleifen über zwei im Boden eingerammte Stecken gezogen. Auf die Bänder wird waagrecht oder schräg, sehr locker, manchmal aber auch sehr dicht Durchforstungsholz (Rundholz) gelegt.

Liegt das Rundholz waagrecht, nennt man den Zaun meist Ringzaun; liegen die Stecken bzw. das Rundholz sehr dicht und schräg, spricht man vom Schusszaun (Kärnten).

Im Wechselgebiet trifft man noch gelegentlich auf einen sehr lockeren Bänderzaun (mitunter auch Rantenghag oder Stangenhag bezeichnet), bei dem Wipfelstangen in einer Länge von 5–7 m unter Spannung schräg zwischen den Stipfeln mit Bändern verlegt sind. Der Literatur ist zu entnehmen, dass im Allgemeinen in Niederösterreich, Kärnten und der Steiermark vom Bänderzaun gesprochen wird, in Tirol vom Ringzaun und in Salzburg vom Wid'nzaun. In Salzburg, im Gasteinertal, nennt man die Zaunringe „Balken“, in Tirol, Bayern wie auch im Salzburger Flachgau findet man für den Bänderzaun auch die Bezeichnungen Girschten – Spelten – Flechtzaun.

Ring- oder Bänderzaun
NÖ

Bänderzaun

Flechtzaun
Teiss – Südtirol

Flechtzaun

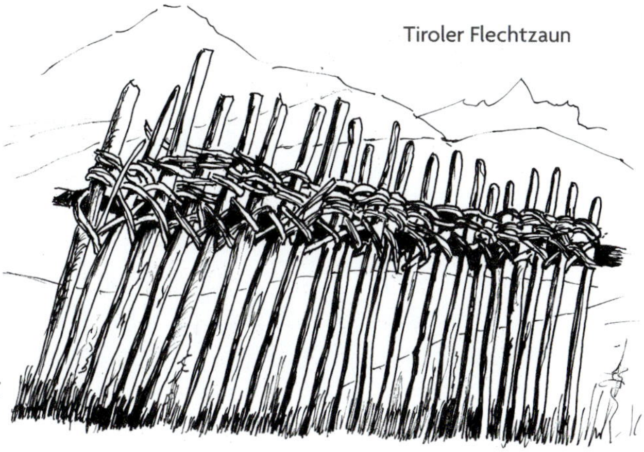

Tiroler Flechtzaun

Weitere Bezeichnungen: Etterzaun, Weidenzaun
Verbreitung: Nordtirol, Schmirntal, Wipptal sowie Südtirol, Haflinger Plateau usw.

Wegen der arbeitsaufwändigen Herstellung trifft man Flechtzäune in Österreich nur mehr selten an. Bei dieser Zaunart werden Lärchenstangen bzw. Spelten dicht hintereinander in den Boden gerammt. In der Höhe von 1–1,3 m wird eine Querstange (Pfosten) unter Verwendung von Fichtenästen mit den Stangen verflochten. Die Flechtarten unterscheiden sich von Tal zu Tal.

Schwartlingzaun

Weitere Bezeichnung: Bretterzaun.
V**erbreitung:** In ganz Österreich weit verbreitet.

Der Schwartlingzaun ist weniger kunstvoll gefertigt und einfach in der Herstellung. Es werden Nägel verwendet. Unter „Schwartling" versteht man das erste und letzte Brett eines Baumstammes, nachdem er die Bandsäge verlassen hat, wobei die Bretter an einer Seite abgerundet sind. Diese Schwartlinge (billiges Abfallholz) werden auf in den Boden gerammte Pfosten genagelt; üblicherweise 2–3 Stück untereinander. Die Pfostenentfernung beträgt etwa 2–4 m. Seltener findet man noch ohne jedwede Nagelung versehene Schwartlingzäune. Bei diesen sind die Pfosten mit 3–5 gestemmten Löchern versehen und in diese werden die Schwartlinge eingeschoben. Im Winter verbleiben nur die Pfosten im Boden.

Schwartlingzaun

Staketenzaun mit genagelten Rundholzstaketen

Vorgartenflechtzaun
NÖ

Ultener Gert'n Zaun
Südtirol

Gatter, Gadern, Durchlass, Überstiegerl, Drehkreuz

Wie Hag und Zaun zur Abgrenzung von Feld, Wiese und Weide dienen, muss auch eine Möglichkeit des Durchganges oder wiederholten Zuganges zum abgegrenzten Raum geschaffen werden.

Einerseits sind dies bewegliche Tore oder Durchlässe, die durch leichtes Entfernen von Zaunstangen den Zugang gewährleisten; andererseits Leitern, Treppen, Verengungen und Drehkreuze, welche das Überwinden der Abgrenzung ermöglichen. Die Leitern und Treppen werden im Volksmund als „Überstiegerln" bezeichnet.

Der Gatter oder Gadern ist in den Zaunlandschaften Österreichs sehr unterschiedlich; er besteht aus der Gadernsäule, an der oder in der das Gaderl (Tor) befestigt ist. Hier kann man sehr einfache, aber sinnreiche Konstruktionen feststellen, wobei bei allen Gadern getrachtet wird, dass sich das Tor selbsttätig schließt. Das geschieht einerseits durch Schrägstellen der Gadernsäule oder durch eine Zugvorrichtung mit Gewichten aus Stein. Auch die Gadernverschlüsse sind durch großen Einfallsreichtum geprägt, wie Selbsteinrasten der Haken, verschiebbare Holzdorne, die durch Gadern und Gadernsäule geschoben werden, oder Pflöcke, über die der Gadern leicht angehoben werden muss, wenn man das Tor öffnen will.

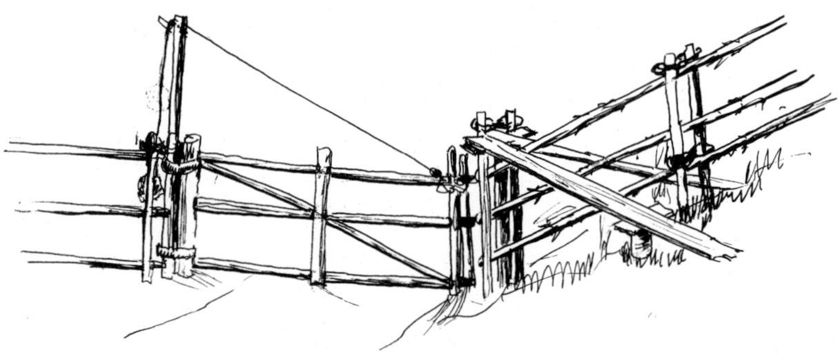

Einfaches Stangengatter: Die Stangen werden hier nur eingeschoben

Stangengatter

Brettergatter mit eingestemmter Torsäule

Gartentor
Pfafflar – Tirol

Der Zaun im Dorf

Wenn von Zaunlandschaften gesprochen wird, handelt es sich nicht nur um Vieh-, Weide- und Almzäune, sondern auch um den Zaun im Dorf. Sei es nur ein Vorgartenzaun, ein Zaun für das Gemüsegärtchen oder ein Zaun zur Einfriedung von Gemeindeeinrichtungen. Grundvoraussetzung für alle Arten von Zäunen ist einerseits eine stilistische Ergänzung zum Haus und andererseits ein harmonisches Einfügen in das gesamte Dorfbild. Durch die immer stärker in den Vordergrund tretenden Dorferneuerungsprojekte werden auch Zäune immer mehr zu tragenden Elementen der Dorfgestaltung, besonders dort, wo immer schon Zäune bestanden haben.

Auf eines sollte jedoch bei den von der Holzindustrie angebotenen Zaunvariationen geachtet werden: Manch eine Variante gefällt einem Vorstadtbewohner, aber ob der Zaun auch in das Erscheinungsbild des Dorfes passt, ist sehr fraglich. Eine gut gemeinte Empfehlung von Fachleuten der Dorferneuerung ist hier wohl besser einzuholen.

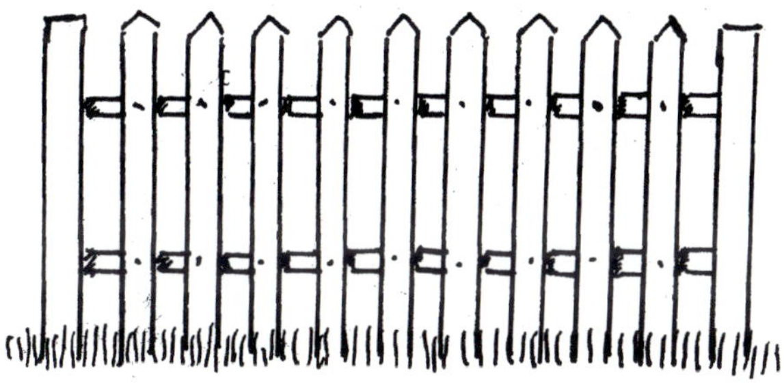

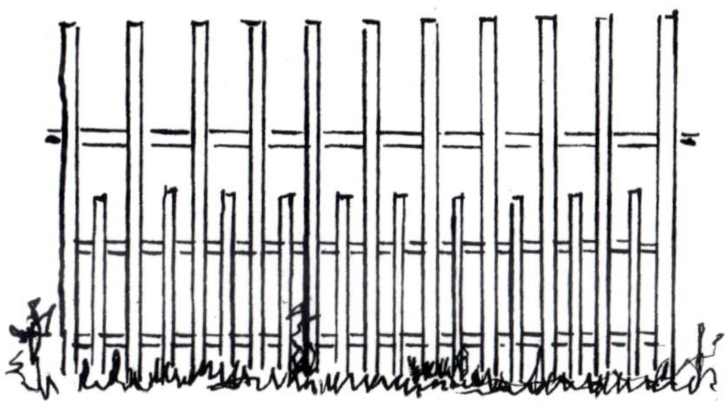

Der Dorfzaun sollte auf jeden Fall vertikale Elemente aufweisen. Rustikale Zäune, wie sie für Viehweiden Verwendung finden, mit horizontalen Elementen passen nicht unbedingt ins Dorfbild, ähnlich einem Schwartlingzaun vor einem modernen Haus.

Sind im Dorf jedoch Abgrenzungen zu Sporteinrichtungen, Gehwegen entlang von Wiesengrund, Parks oder Spielplätzen nötig, kann man ruhig einen Stangenhag oder vielleicht sogar einen Bänderzaun aufbauen wie etwa beispielsweise in Fladnitz/Teichalm. In Rauris findet man sogar mitten im Dorfgebiet einen schönen fünfzähligen Girschtenzaun, vielbewundert von den Fremden ob seiner kunstvollen Machart, allerdings mehr zur Attraktion.

Außer dem üblichen Lattenzaun passen gewiss auch Lamellenzäune, Palisaden- oder auch Flechtzäune oder eine ganz einfache Hecke als Abgrenzung.

Haus mit Ansatzlücke und passendem Lattenzaun
Schiefling – Ktn.

Blockhaus mit neuem Banderzaun
Fladnitz/Teichalm – Stmk.

Flechtzaun
Bayrischer Wald – Bayern

Lattenzaun
Aich/Ennstal – Stmk.

Gartenzaun (Lattenzaun)
Hohenruppersdorf – NÖ

Staketenzaun aus gespaltenen Fichtenstangen mit Gatterl und Rosenbogen

Mühlen

Radmühlen

In der Zukunft bedürfen die wenigen noch mit Wasser betriebenen Radmühlen einer besonderen Pflege und des Denkmalschutzes, ansonsten geht ein wesentliches Element der Holzbaukunst und Romantik in unserer Kulturlandschaft für immer verloren. Einige traditionsbewusste Bauern, die am Ab-Hof-Verkauf interessiert sind, mahlen für sich und ihre Kunden ihr eigenes Körndl und die Bäuerin bäckt noch Brot für den Bauernmarkt und den Eigenbedarf.

Grundsätzlich gibt es drei verschiedene Arten von Radmühlen, wobei vor allem die Art der Wasserzuführung ausschlaggebend ist. Man spricht von der oberschlächtigen Mühle, wenn das Wasser über eine Zuführung von oben an das Mühlrad herangeführt wird. Meist ist allerdings nicht das ganze Jahr genügend Wasser bei Mühlen zur Verfügung, sodass der Bauer die Mahlarbeit bei längeren Regenperioden im Spätherbst oder nach der Schneeschmelze im Frühjahr vornimmt. Trifft das Wasser von einem stän-

dig gut wasserführenden Bach mit genügend Strömung über eine Zuleitung die Schaufeln des Mühlrades von unten, so spricht man von einer unterschlächtigen Mühle. Trifft das Mühlwasser über einen Mühlkanal auf die Mitte des Mühlrades, was seltener der Fall ist, so bezeichnet man dies dann als mittelschlächtig.

Fast alle Mühlen sind im Kantholzblockbau ausgeführt, nur sehr selten finden sich auch einige aus Bruchsteinmauerwerk.

Flodermühlen

Eine ganz besonders bemerkenswerte Mühlenart stellt die Floder- oder auch Stockmühle dar, bei der das Wasser direkt unter dem Mühlenhaus, welches auf einem Ständergerüst steht, auf ein kleines Schaufelrad trifft. Dieses Schaufelrad aus Holz ist sehr ähnlich den heute in Verwendung stehenden Turbinen konstruiert. Diese Turbine ist mittels des senkrechten Achsstockes direkt mit dem Mühlstein verbunden. Flodermühlen sind vor allem im Kärntner Nockgebiet und im oberen Mölltal anzutreffen. Das typische Klappern der Mühle stammt auch nicht vom Wasserrad, sondern von einem Stab, der durch eine Triangel, die an der Antriebswelle befestigt ist, in ruckartige Schwingung versetzt wird und sich auf das Rüttelsieb überträgt. Hier trennt sich das Mehl von den gröberen Kleinteilen.

Es würde zu weit führen, die zum Großteil aus Holz gefertigten mechanischen Teile für den Mahlvorgang zu erklären, dies würde ein eigenes Kapitel erfordern.

Abgesehen von diesen Flodermühlen sind die Mühlräder üblicherweise aus Lärchenholz gefertigt und weisen in der Regel meistens 2 mal 4 Radspeichen und doppelte Felgen auf. Zwischen diesen Felgen sind bis zu 30 Schaufelbretter eingefügt. Dem Mühlenhaus angebaut ist häufig ein Müllerstübchen, welches für die Zeit der Mühlenarbeit auch zum Wohnen zur Verfügung steht. Der Aufbau der Mühlen, die Wasserzuführung über Kanäle aus Holz mit Sperrvorrichtungen, die Herstellung der Mühlräder und die Inneneinrichtung waren seinerzeit eine sehr aufwändige Arbeit und zeugen noch heute vom überaus großen handwerklichen Können der Bauern in Zusammenarbeit mit Wagnern und Zimmerleuten. Die Hausmühlen schlechthin sind in Österreich ganz besondere Kulturdenkmäler bodenständiger Holzbaukunst. Wo kann man die Rad- und Flodermühlen noch sehen? Auf der Moaralm im Pinzgauer Habachtal etwa ist ein Mühlrad zum Betrieb des Butterfasses direkt an die Almhütte angebaut, die aus dem Jahr 1771 stammt.

Schaufelrad einer Flodermühle

Unterschlachtiges Wasserrad

Oberschlachtiges Wasserrad

Floder- oder Stockmühle

Stockmühle in Betrieb

Wachterbach-Doppelmühle
Lesachtal – Ktn.

Stockmühlenensemble
Apriach, Mölltal – Ktn.

Fluderrinne, Winkl-Boden
Pöllau – Stmk.

Fluderkasten und Wasserrad,
Mühle und Stampfe,
Winkel-Boden
Pöllau – Stmk.

In Kärnten besteht ein regelrechter Mühlenwanderweg mit fünf noch in Betrieb befindlichen Mühlen – bei Kanning, oberhalb von Radenthein. Unter Denkmalschutz stehen die Flodermühlen in Apriach im Mölltal. Auch hier wird noch Mehl gemahlen – 400 m über der Talsohle der Möll, mit herrlichem Blick auf den Großglockner. Weitere dem Autor noch bekannte Mühlen mit Wasserrad findet man u. a. in Maria Luggau im Oberen Lesachtal, vier Stockmühlen in Mallnitz, sechs Bauernmühlen in Pfarrwerfen, eine Radmühle bei St. Martin (Lofer), weiters in Bramberg und Wald im Pinzgau (Salzburg), in der Ramsau (Steiermark) sowie in Gasen am Fuß der Teichalm. Teils dienen diese Schauzwecken, teils betreiben die Bauern noch selbst die Mühlen.

Auch der Bauer Morgenbesser im Hottmannsgraben bei Unteraspang in Niederösterreich ist noch ein Selbstversorger. In seiner mit viel Liebe instandgehaltenen Mühle verarbeitet er jährlich ca. 1.000 kg selbstangebauten Roggen zu ca. 500 kg Mehl, der Rest ist Kleie fürs Vieh. Traurig sieht es im Weinviertel aus: Einstmals zählte man 400 Mühlen, heute sind nicht mehr als 40 noch in Betrieb, und diese fast alle mit elektrischem Antrieb. Die Stampfen zur Nahrungsmittelerzeugung sind sehr selten noch in Betrieb, außer in den Freilichtmuseen (etwa Stübing).

Ein ganz besonderes Beispiel alter Mühlenbautechnik ist im Innervillgratental in Osttirol anzutreffen: ein alter „Venezianergatter“ – die Wegelate Säge. Diese ist bei guter Wasserführung als Lohnsäge für die umliegenden Bauern noch in Betrieb, im Sommer jedoch auch eine Fremdenverkehrsattraktion. Dabei betreibt ein Wellebaum (Wasserrad) einen sich auf und ab bewegenden Holzrahmen (Gatter), in dem ein Sägeblatt eingespannt ist und von einer Kurbel angetrieben wird. Die Wegelate Säge wurde 1999 mit dem „Europa Nostra Diplom“ ausgezeichnet – „für die technisch einwandfreie Restaurierung eines Industriedenkmales unter Einsatz von wertvoller freiwilliger Arbeit“. Unmittelbar unterhalb der Mühle steht noch eine Lodenstampfe in Betrieb. Beide Bauten sind in Ständerbauweise ausgeführt.

Die Tourismusverbände der Gemeinden sind sehr bemüht, für Nostalgiker und romantisch veranlagte Feriengäste, wo es nur irgendwie geht, Mühlen in Betrieb zu erhalten.

Wassergetriebenes Sägegatter (Osttirol)

Wegkreuze, Marterln & Bildstöcke

Zeichen religiöser Kultur prägen noch überall unverwechselbar die Landschaften Österreichs, wobei viele dieser Kleindenkmäler aus Holz von bäuerlicher Hand gefertigt wurden. Was wären unsere Dörfer, Fluren und Wege ohne Wegkreuze, Bildstöcke und Marterln? Einerseits zeugen sie von der christlichen Einstellung der bäuerlichen Bevölkerung und fordern zum Innehalten und zum Gebet auf, gleichzeitig stellen sie Haus, Hof, Feld und Flur unter den Schutz des segnenden Gottes. Andererseits dienten besonders die Wegkreuze dem Zwecke nach – ganz profan gesagt – als Verkehrszeichen und Orientierungshilfen, als das Wege- und Straßennetz noch nicht so gut ausgebaut war. Heute werden sie im Interesse tourismusorientierter Aktivitäten wieder sehr gepflegt und renoviert. Als Beispiel seien hier bloß die vielen Bildstöcke in Kärnten mit den typischen Spanschindeldächern erwähnt. Ihren Ursprung haben die Bildstöcke in Holzkreuzen. Seit dem 14. Jahrhundert sind sie meist gemauert.

In Bezug auf die Holzbaukunst wäre vor allem das Wegkreuz erwähnenswert, da hier vielfach das Schindeldach vorherrscht und der Kasten, der das Kruzifix umgibt, nicht selten mit Zierleisten und Kerbmustern versehen ist. Die seitliche Bretterumrahmung schützt den Herrgott am Kreuz vor allem vor Wind und Wetter. Oft findet man an den Hauswänden oder in einer Mauernische die Holzskulptur eines Schutzpatrons oder am Waldrand – an einen Baum genagelt – ein Marterl mit frommen Sprüchen und oft sehr naiver bäuerlicher Malerei, die an ein Unglück, aber auch an positive Ereignisse erinnern sollen. Gerade diese religiösen Elemente der Holzbaukunst und bäuerlichen Bildhauerei und Malerei zeugen vom Reichtum der Volkskunst in Österreich.

Heiligenskulptur
Kalkstein – Tirol

Bildstock mit Spanschindeldach
Frojach – Ktn.

Bildstock mit Schindeldach
Ktn.

Feldkreuz
Prätis – Stmk.

Holz auf der Alm

Holz und die umgebende Landschaft bilden in den alpinen Regionen auf den Almen noch eine volle Harmonie. Almhütten prägen das Erscheinungsbild der Alm durch die Verwendung der aus unmittelbarer Nähe beziehbaren natürlichen Baustoffe Stein und Holz. Die bodenständige bäuerliche Holzbaukunst ist bis in die höchsten Regionen der Alpentäler auf die Almen vorgedrungen. Hier trifft man noch auf eine fast anonyme Baukultur im Blockbau. Aus Rundholz gefertigt, unter Anwendung der Verkämmung, mit Vorstoß an den Ecken und dichtenden Mooseinlagen zwischen den eng aneinanderliegenden Bohlen, machen die Hütten einen archaischen Eindruck. Verstärkt wird dieser noch durch Legschindeldächer, die mit Steinen beschwert sind. Vom Westen her bis in die Gegend von Schladming (Dachsteinlinie) im Oberen Ennstal herrscht noch das Flachdach mit Legschindeln vor, ab hier sind Steildächer mit Schindeln und Bretterdächer allgemein üblich.

Den Hauslandschaften entsprechend trifft man auf den Almen auch Hütten im Ständerbau und mit Bretterdächern versehen, soweit sie nicht mit Blechdächern verunstaltet wurden.

Die Einkünfte der Almbesitzer – einerseits durch Vermietung von Almhütten im Sommer und andererseits durch den immer mehr zunehmenden Verkauf von Produkten der Almwirtschaft wie Butter, Käse, Magermilch direkt auf der Alm – fördern indirekt auch die Erhaltung der Almbauten. Erfreulich ist dabei, dass Neubauten in traditioneller Bauweise ausgeführt werden und man der Erwartungshaltung der Bergwanderer entspricht.

Einem kürzlich erschienenen Almwanderführer Tirols ist zu entnehmen, dass von den 112 angeführten bewirtschafteten Almbauten fast 50 % noch in reinem Blockbau ausgeführt sind, der Rest in Mischbauweise. Hierzu kommen noch neun völlig neu gebaute

Almhütten in Blockbau. Die Hälfte der Landesfläche Tirols von 550.000 ha sind bewirtschaftete Almen.

Die Wasserkraft wird auf der Alm weitgehend zur Energiegewinnung für Beleuchtung, Melkmaschinen, aber auch zur Buttererzeugung mittels Zentrifugen genützt. Kleinturbinen, aber auch noch Wasserräder erzeugen die notwendige Energie.

Almhütte und Stall stehen meist voneinander getrennt, mit Ausnahme einer ganz alten Hütte im Habachtal, wo der Stall direkt an die Hütte angebaut ist; es gibt auch noch ganz urwüchsige Hütten mit offenem Feuer unter dem Kupferkessel und Rauchabzug durch das Legschindeldach.

Der Ideenreichtum der früheren Almbesitzer präsentiert sich auch in der Fertigung der Türen, deren Holzverriegelungen, der kleinen Fensterluken, der Viehtränken von Trögen aus einem ausgehöhlten Stamm und Brunnensäulen aus Baumstrünken. Alles wirkt sehr urig und harmonisch angepasst an das Umfeld der Alm.

Holzzäune sind in diesen Höhen selten – außer Lattenzäune – um die Hütte. Sonst sind meist Steinwälle mit darübergelegten Latschenästen zur Abgrenzung der Weideflächen am Rand von Steilabstürzen sowie rund um Dolinen üblich. Auch Überstiegerln sind noch anzutreffen, sofern sie nicht bereits durch Weideroste ersetzt wurden.

Almställe
Montavon – Vbg.

Moaralm mit Legschindeldach
Habachtal – Sbg.

Sattentalalm
Pruggern – Stmk.

Mit Schindeln verkleidete Häuser auf der Alpe Oberlose
Bödele – Vbg.

Blockhaus-Neubau
Axamer Lizum – Tirol

Almhütten in Blockbau
Tuffbad – Ktn.

Rundholz-verwertung

Landwirtschaftliche Nebengebäude, wie Ställe, Scheunen und Vorratsräume, aufgebaut unter Verwendung von Rundholz (Blöchen), waren in früheren Jahren allgemein gebräuchlich und entsprachen der regionalen Baukultur. Aus verschiedensten Gründen sind diese Bauten etwas in Vergessenheit geraten.

Aufgrund der veränderten Wirtschaftslage in der Landwirtschaft erlebt nun die Anwendung von Rundholz in den letzten Jahren erneut eine Renaissance.

Die alten Bauten aus Holz entsprechen durch die veränderten Wirtschaftsformen in ihrer Funktion nicht mehr den heutigen Ansprüchen. Die finanzielle Lage der Landwirte hat sich allerdings nicht wesentlich verbessert und so sind diese gezwungen, mit den Zimmerleuten gemeinsam Hand anzulegen. Über das nötige Rundholz verfügen sie meist ja selbst.

Seit kurzer Zeit bietet sich durch die von den Maschinenringen zur Verfügung stehenden Rundholzfräsen die Möglichkeit an, das Rundholz zum Bau von Ställen, Scheunen und diversen anderen Zwecken direkt am Hof selbst zu fertigen. Dadurch lassen sich finanzielle Belastungen erheblich verringern. Bei eigenem Holz steht Rundholz in der heutigen Zeit preiswerter zur Verfügung als Kantholz. Zur richtigen Konstruktion der Bauten liegen Typenpläne und Anweisungen vom Österreichischen Kuratorium für Landtechnik vor, die für den Selbstbau konzipiert sind. Sie entsprechen auch in der Form der Gebäude weitgehend den heutigen betrieblichen Anforderungen.

Zeitaufwändiges Verzapfen der Ständer wie beim Ständerbau wird durch ein in der Praxis schon erprobtes Holzverbindungssystem,

die „Weihenstephan-Blechlaschenverbindung", ersetzt. Auch in Österreich werden laufend Verbesserungen erprobt, siehe „System Haberl" (Holzverbindung mittels Gewindestangen und Einfräsungen).

Ganz eng verbunden mit den Bauvorhaben sind bei „Urlaub am Bauernhof"-Höfen weitere Anwendungsmöglichkeiten gegeben.

Bänke und Tische in rustikaler Form werden aus Rundholz für die Vorgärten selbst angefertigt, aber auch von der entsprechenden Holzindustrie geliefert. (Plastikmöbel sind nicht unbedingt passend!) Nicht zu vergessen ist die Anlage von Kinderspielplätzen u. a. mit kleinen Blockhäusern, Leitergerüsten und Schaukelgestellen aus Rundholz.

Auch einige Buschenschankbesitzer verwenden Sitzgelegenheiten und Tische, die aus Rundholzteilen gefertigt sind. Weiters ersetzt man heute wieder so manchen Stacheldraht- durch einen Bänderzaun, der ebenfalls aus Schwachrundholz gefertigt wird.

Rustikale Bänke und Tische aus Rundholzhälften (oben)
Goritschach – Ktn.

Neue Gartenmöbel aus Rundholz (Mitte)
Fladnitz – Stmk.

Außenklimastall für Rinder (unten)

Neue Holzbauten auf dem Land

Im Gespräch mit Hrn. Dipl. Ing. Arch. G. Schickhofer vom Österr. Kuratorium für Landtechnik nach den Entwicklungstendenzen des Holzbaues im ländlichen Raum befragt, nimmt er hierzu wie folgt Stellung:

Holzbauten sind heute immer mehr im Trend. Holz ist in Österreich – ähnlich wie in Skandinavien – reichlich vorhanden.

Während im landwirtschaftlichen Bereich sowohl Wohnhäuser als auch Wirtschaftsgebäude in „Holzgegenden" auf eine lange Tradition zurückblicken, sind in den geschlossenen Dörfern und in den engverbauten Kleinstädten Wohnhäuser aus Holz selten anzutreffen. Der Holzbau wurde vielfach aufgrund der Bauordnungen (es gab ursprünglich strenge Brandverhütungsvorschriften) durch Häuser mit Stein- oder Ziegelmauern ersetzt. Seit etwa 1997/1998 wurden die meisten Bauordnungen der Bundesländer novelliert und der Trend zum Holzbau hat sich wieder verstärkt.

Der Baustoff Holz hat viele Vorteile – wie schon vom Autor im Kapitel „Wald und Holz" erwähnt –, aber Holz kann nicht unbeschränkt eingesetzt werden. Vor allem nicht in brandgefährdeten Zonen, da Holz einen vernünftigen Schutz braucht – einerseits schon im baulichen Konzept, andererseits aber auch (in besonders kritischen Bereichen) zusätzlich mit entsprechenden Anstrichen (Imprägnierungen). Jedes Holzhaus bedarf guter wasserunempfindlicher Fundamente; es ist von Vorteil, wenn massive Fußböden, Innenwände oder Decken als Speichermasse vorhanden sind. Daher erweisen sich Mischformen, wie man sie bei alten Bauten antrifft, als durchaus sinnvoll.

Ein massives Erdgeschoß aus Mauerwerk und die Obergeschosse aus Holz oder ein Haus mit massiven Giebelwänden, Massivdecke und Fliesenböden sowie einer leichten Außenhülle, die entsprechend wärmegedämmt ist, entsprechen den Anforderungen. Es gibt auch moderne Holzhäuser mit einer besseren Speichermasse in der Form, dass außen und innen entsprechende Elemente (z. B. zementgebundene Holzplatten, ca. 5–7,5 cm stark) eingebaut werden. Dies ist besonders im Sommer für das Wohnklima wichtig. Gut dämmende Leichtwände allein reichen nicht. Es werden Fenster und Türen zum Luftaustausch tunlichst in Richtung Garten zu öffnen sein; dabei entsteht eine innere Aufwärmung. Häufig werden bei den Fertighäusern die Außenwände verputzt und dadurch das Erscheinungsbild verfälscht.

Auch Holzverschalungen können durchaus ansehnlich und sinnvoll sein, wenn man einen baulichen Holzschutz durch einen Dachvorsprung vorsieht.

Landwirtschaftliche Bauten

Diese werden auch im Sinne von Sparmaßnahmen – vorwiegend bei neuen Stallgebäuden – wieder aus Holz errichtet. Neue Erkenntnisse von tierfreundlicheren Haltungen sowohl bei Rindern als auch bei Schweinen in Richtung offener „Außenklimaställe" fördern diese Holzbauweisen. Neben den notwendigen funktionellen Voraussetzungen sollte aber auch das Erscheinungsbild starke Berücksichtigung finden.

Sonstige Bauten – Holzbrücken, Fernheizwerke

Neue Holzbrücken bzw. Stege werden vielfach in sehr ansprechenden Holzkonstruktionen ausgeführt. Zu den neuen Bauten am Land zählt man auch oft Fernheizwerke, welche mit Biomasse betrieben werden, und öffentliche Bauten, wie Schulen, Kindergärten, Gemeindeämter, aber auch Einzelhäuser mit Wärme versorgen. Die Lagerräume für Biomasse (Holzhackschnitzel, Pellets) sind fast durchwegs aus Holz errichtet.

Holzblockbau-Feriensiedlung
Tuffbad – Ktn.

Neues Gehöft, Stallstadel
Fraxern – Vbg.

Neuer Stallstadel in Ständerbau
Innichen – Südtirol

Ferienwohnung in einem revitalisierten Pfeilerstadel
Pustewald – Stmk.

Neuer Stallstadel in Ständerbau
Ellmau – Tirol

Holzkonstruktion der Hackschnitzellagerhalle Bio-Fernheizwerk
Frankenfels – NÖ

Blockhausneubau nach altem Vorbild
Knittelfeld – Stmk.

In Bau befindlicher Schafstall mit Holzschindeldach
Öblarn – Stmk.

Neue Fußgängerbrücke, Kantholzkonstruktion
Unken – Sbg.

Holz-Europabrücke
St. Georgen a. d. Mur – Stmk.

Prügelbrücke

Alte überdachte Holzbrücke
Flirsch – Tirol

Wildbachbrücke
Sattental – Stmk.

Glossar

A

Abgewalmtes Dach (siehe Walmdach) – Satteldach, welches an einer oder beiden Schmalseiten eines Gebäudes eine Abschrägung der Dachflächen aufweist.

Andreaskreuz – Im Fachwerkbau zwei gleich lange überkreuzte Hölzer.

Anblattung – Winkelfeste Verbindung zweier Balken in derselben Ebene.

Anschübling – Am unteren Sparrenende angebrachter keilförmiger Balken, der einen flacheren Dachauslauf über die Traufe bewirkt, z. B. Vierplattlerdach im Hausruck, Rheintalhäuser.

Ansatzlücke – Dreieckige Öffnung unter dem First beim Schopfdach in Mittelkärnten.

Ansdach – Die Pfetten des Daches ruhen auf den Wandblockbalken, die bis in den Giebel hineinreichen.

Äugl – Dachluke zur Einbringung von Bergegut, speziell bei Anbauhöfen im Nordburgenland.

Aufdoppeln – Aufsetzen einer zweiten Lage von Holz (Zierzwecke bei Türen und Balkonen).

Auskragung – Vorspringen von Laubengängen, Erkern über die Flucht. Hervorragen von Decken- und Wandbalken, Klebdächer.

Ausnahm – Altenteil eines Bauernhofes (siehe Austragsstübl).

Austragsstübl, Austragshaus, Altenteil – Kleine Nebenwohnung für den Altbauern nach der Hofübergabe, auch Ausgedinge genannt. Meist im Hof integriert, aber auch als kleines Einzelhaus.

Außentreppe – Stiege an der Außenseite von Blockbauten (Troadkasten).

B

Badstube – Vornehmlich bei alpinen Haufenhöfen, kleiner einzeln stehender Bau für:
a) Dampf- und Schwitzbäder
b) Brechelstube (Haarbadstube) zum Flachsdörren

Blockbau (Holzbautechnik) – Aus runden oder kantig bearbeiteten Balken wird durch Aufeinanderlegen von Balkenkränzen das Haus gebildet. An den Kanten werden die Balken durch oft sehr kunstvoll gestaltete Eckverbindungen zusammengefügt.

Blinder Erker – Aus einer Hausmauer eines Bauernhauses herausragender Backofen.

Bildstock (Flurdenkmal) – Älteste Wegzeichen und Wegweiser.

Brunnenstock – Brunnensäule, hölzernes Standrohr, teils roh belassen, teils mit gedrechselten Aufsätzen.

Brunnentrog – Aus einem großen Baumstamm ausgehackter Trog, z. T. mit Zierschnitzereien versehen.

Bundwerk – Fachwerkartige, von außen sichtbare, kunstvoll gezimmerte Holzkonstruktion an Stadeln und im Giebeldreieck von Bauernhäusern.

D

Dachlandschaft – Das einheitliche Erscheinungsbild der Dächer einer Siedlung.

Dachreiter – Türmchen auf dem Dachfirst.

Dörre – Kleine Hütte mit von außen beheizbaren Öfen zum Dörren von Obst (Brechelstube).

Dreiseithof – In Hufeisenform gruppierte Hofanlage, Wohnhaus – Stall – Stadel, die vierte Seite schließt meist eine Tormauer.

Dübel – Zugespitzter Nagel aus Hartholz, der Bauteile gegen seitliches Verschieben schützt.

E

Einhof – Bauernhof, bei dem das Wohnhaus, der Stall sowie die Scheune unter einem Dach angeordnet sind.

Essglocke, Brotzeitglocke – Besonders im Unterinntal anzutreffender kleiner Dachreiter aus Holz mit Glocke.

F

Fachwerkbau – Hochentwickelte Form des Ständerbaues mit festgezimmertem Holzrahmenwerk.

Feldheinze – Harfe.

Feldscheune, Futterschupfen – Außerhalb des Hofverbandes liegender Bergeraum: Lesachtal „Zuahäusl“, „Schupfn“, Drautal, Mölltal.

Figurenschrot, Malschrot – Hirnhölzer in verschiedenen Motiven und Ausformungen bei Zwischenwänden im Blockverbund.

Firstbretter – Giebelseitige Abschlussbretter des Daches, manchmal geschnitzt (Giebelkreuz – Markenzeichen von Raiffeisen).

Firstpfette – Oberste Pfette, den Dachfirst bildender Längsbalken.

Flechtzaun – In den Boden gerammte Stangen werden mit einer Querstange mittels Lärchenästen verflochten.

Flodermühle – Wassermühle mit senkrecht stehendem turbinenartigem Schaufelrad.

Fürkopf –Vorstehendes Balkenende beim Blockbau (Wettkopf: auch Kopfschrot oder Schrotkopf).

Futterstadel, Sommerstall, Stallstadel – Auf bergigen Wiesen abseits des Hofes errichteter Heubergeraum mit darunterliegendem Stall.

G

Gaube – Dachfenster.

Gefache – Der Fachwerkbau ist ein Skelett aus Holzbalken, dessen Zwischenräume, das „Gefache“, mit verschiedenem Material ausgefüllt werden muss – Lehmhäcksel, Ziegel, Bruchsteine oder Rutengeflecht.

Gang – Langer Balkon, immer vom Dach überdeckt.

Gangbrüstung – Geländer eines Balkons mit Balkonbrettern.

Gesatztes Haus (Lehmmauer) – Ein Gemisch aus Lehm und Strohhäcksel wird schichtweise zwischen Brettern eingestampft. Nach der Trocknung werden die Bretter entfernt und die Außen- und Innenwände mit Lehmbrei verputzt und geweißt.

Giebellaube (siehe Hochlaube) – Holzgang nur auf das Giebeldreieck beschränkt.

Girschtenzaun (Girschte = gespaltenes Holz) – Stecken werden kreuzweise mit Girschten verschränkt und bilden einen dichten Zaun.

Geklobene Balken – Mit dem Beil zugerichtete Holzelemente.

Getreidespeicher (Troadkasten) –Vorratsgebäude im bäuerlichen Hofbestand, meist etwas abseits stehend.

H

Häcksel – Gehackte Strohabfälle, gemischt mit Lehm für Füllzwecke im Gefache des Fachwerkbaues.

Hag – Eine einfache Umfriedung für kürzere Zeit, die wieder abgebaut wird.

Harfe (Hilge, auch Harpfe genannt) – Relativ große, hölzerne, leiterartige Trockengerüste zum Nachtrocknen von Getreide, Heu, Maisstroh etc.
„Hilge" in Osttirol
„Köse" im Gail- und Lesachtal
Auch doppelte Harfen unter einem Dach als Hofharfen.

Halbwalmdach – Der Walm reicht nicht bis zur Traufkante, sondern bis zur Hälfte – auch als „Krüppelwalm" bezeichnet.

Hauslandschaften – Das Verbreitungsgebiet gleichartiger, durch ein ganz bestimmtes Erscheinungsbild geprägter Hofformen im ländlichen Raum.

Heustadel – Einzeln auf Wiesen stehende Heubergeräume (vornehmlich Pinzgau, Ennstal).

Hiefler – Temporär auf Feld und Wiesen in den Boden gerammte naturbelassene Pfähle (Wipfelstangen), auch Hüfler, Stiefler, Stangen genannt.

Heinzen (Hoanzen) – Temporär auf Feld und Wiesen in den Boden gerammte Pfähle – Rundhölzer mit vorgebohrten Löchern und in diese gesteckte Sprossen (Querhölzer).

Hochlaube – Bei Blockhausbauten auf entsprechend hervorragenden Balken auflagernde Holzgänge:
Tirol: Söller, Solder, Labn
Salzburg: Hausgang, Gang
Oberösterreich: Schrot, Schreb (Innviertel), Gang
Steiermark: Bodengang, Gwandgang, Ortgang – zum Plumpsklo.
Auch allenfalls als „Balkon" bezeichnet.

Hoanznhütte – Aufbewahrungsort für Hoanzen.

K

Kast'n (siehe Troadkasten) – Getreidespeicher.

Kellerstöckl – Speicher mit meist gemauerter Unterkellerung (u. a. Weststeiermark, Burgenland).

Kerbschnitzerei – Holzschnitztechnik: Dekor an Pfetten, First- und Türbalken sowie Brunnentrögen, an nicht verschindelten Blockbauten im Bregenzer Wald.

Kitting – Speicherbau im Burgenland. Die Holzblockwände gehen in ein Rundgewölbe über. Über diesem Gewölbe sitzt ein leicht abwerfbares Strohdach (Vorsorge bei Bränden). Der Kitting ist meist mit Lehm verputzt.

Klingschrot – Die in der Blockbautechnik übliche Bezeichnung der kunstvollen geschweiften Eckverbindungen.

Kopfschrot – Eckverband im Blockbau mit vorkragenden Hölzern.

Kugelschrot – Kunstvoller Eckverband im Blockbau mit halbkugelförmigen Ausschnitten durch Zirkelarbeit der Zimmerleute.

Kreuzhag – Drei bis sechs Steckenpaare werden kreuzweise in den Boden geschlagen, über die Kreuzungspunkte werden Stangen gelegt.

Kreuzscheune (siehe auch Kreuzstadel!) – Mischform zwischen Quer- und Längsscheune. An die längsgerichtete Haupttenne ist meist quer dazu beidseitig eine etwas kürzere Tenne angebaut (Pongau).

L

Längsscheune – Befahrung vom Scheunengiebel her, parallel zum First, allenfalls über Tennbrücke, wenn im Erdgeschoß der Stall liegt.

Lattenrost – Latten, die zur Befestigung der Schindeln dienen und an Rofen oder Sparren befestigt sind.

Laube (Lab'n)

a) Durchgängiger Hausflur
b) Balkon an der Giebelfront (Söller)
c) An den Traufseiten verlaufende Gänge (Balkone)
d) Längslaube – Schopf, Begrenzerwälderhaus
e) Tanz-Spiellaube, stadelartiger Holzbau für dörfliche Unterhaltung.

Legschindeldach – Aus Holzschindeln bestehendes Dach.

M

Mausladen – Bei Blockbauspeichern vorkragende Geschoßschwellen, die gegen Mäuse schützen sollen.

Malschrot – Ausformung von Balkenköpfen in Zierformen und Figuren bei Einbau von Zwischenwänden im Blockbau.

Mittertenneinhof – Einhof, bei dem zwischen Wohnteil und Stall die Tenne liegt.

P

Paarhof – Wohnhaus und Wirtschaftsgebäude liegen getrennt, meist firstparallel.

Pfetten – Pfettendachstühle sind Dachkonstruktionen, bei denen die Sparren durch waagrecht angeordnete Holzträger (Pfetten) unterstützt werden.

Pultdach – Aus einer einzigen Schrägfläche bestehendes Dach, meist an ein anderes Gebäude angefügt.

Pfeilerstadel – Mischbauweise, über den gemauerten Stall hinaus werden Pfeiler aus Bruchsteinmauerwerk hochgezogen, die dazwischenliegenden Felder werden mit Brettern in Ständerbauweise verschalt.

Putzfasche – Umrahmung von Türen und Fenstern mit plastisch hervorstehendem Putz.

Q

Querscheune – Befahrung der Scheune von der Traufseite quer zum First, allenfalls über eine Tennbrücke, wenn die Scheune an einem Hang bzw. darunter der Stall liegt.

R

Rauchhaus (Almhütten) – Wohnhaus mit offener Feuerstelle ohne Kamin, der Rauch entweicht durch das meist mit Schindeln gedeckte Dach.

Ringzaun – In den Boden geschlagene Stecken werden durch „Ringe" aus Fichten- oder Weidenruten zusammengehalten, darüber werden Stangen gelegt.

Rofen – An der Firstpfette aufgehängte Schräghölzer, die den Lattenrost tragen. Am Lattenrost werden die Schindeln und Bretter befestigt.

S

Satteldach – Zwei gleich geneigte Dachflächen schließen einen Giebel ein.

Scharschindeldach – Holzschindeldach, bei dem die Schindeln angenagelt werden.

Scheune = „Scheuer" – Wirtschaftsgebäude zur Lagerung von Viehfutter und Getreide. Stallscheune: Bergeraum inkl. Stall.

Schopf – Bezeichnung für ein Viertel- oder Halbwalmdach. Im Bregenzerwälderhaus ausgebaute Längs- oder Seitenlaube entlang der Traufseite (Tschopf).

Schwardach – Legschindeldach mit Feld- und Bruchsteinen beschwert.

Schrotkopf – Vorstehendes Balkenende im Eckverband.

Schrotgang (siehe Hochlaube)

Schrotwand – Blockwand.

Schwarstangen (Streckhölzer, Spannhölzer) – Diese Hölzer dienen zum Niederhalten der Schindeln, auch als Auflage der Beschwerungssteine.

Schwalbenschwanzverzinkung – Eckverband in trapez-/schwalbenschwanzartiger Form.

Schwelle – Horizontal liegende Hölzer als Basis (Auflage) für den Ständerbau, in den die Ständer eingezapft sind.

Sgraffito – Kratzputz

Söller – Über dem Erdgeschoß gelegene Trockenlaube an Wohn- und Wirtschaftsgebäuden.

Sparren – Sparrendächer sind Dachkonstruktionen, die mittels ca. 80 cm zueinander senkrecht zur Traufe angeordneter Sparren die Schneelasten etc. von der Mauer ableiten.

Stallstadel – Bergeraum abseits des Gehöfteverbandes mit darunterliegendem Stall (Sommerstall, gebirgige Gegenden).

Stirnbrett – Pfettenbretter zum Schutz des Hirnholzes der Pfettenköpfe.

Strick – Alemannische Bezeichnung für Blockbau (Vorarlberg).

T

Taubenschlag – Neben freistehenden Schlägen auch in Scheunen eingebaute Holzkästen mit Fluglöchern.

Tenne (Dreschtenne) – Von Bergegut freigehaltener Raum zum Abladen des Erntegutes – seinerzeit Arbeitsraum zum Dreschen. Heute ist vielfach der gesamte Wirtschaftstrakt gemeint.

Tennbrücke – Auffahrt zum Tennboden.

Traufe – Untere Dachkante an der Längsfront eines Hauses. Beim Vierkanter überall in gleicher Höhe umlaufend.

Troadkasten (Getreidespeicher, Kastn, „Kaschtn“, Kornkästen, Kitting) – Vorratshaus innerhalb eines bäuerlichen Gehöftes, sowohl in Blockbau als auch gemauert ausgeführt.

Tschardacke – Luftdurchlässiger Bretterverschlag zur Maistrocknung (Burgenland).

U

Umadum-Stall (Umlaufstall) – Tiere können sich in Verschlägen, die durch Balkenwände oder Planken abgegrenzt sind, frei bewegen.

V

Vierplattlerdach – Vollwalmdach mit kurzem First.

Vierseithof – In sich auf allen vier Seiten geschlossene Hofanlage mit vier Toren zwischen den Gebäuden.

Vorsäß, auch Mai(en)säß – Almhütten, die nur zeitweise während des Frühlings und Herbstes benützt werden.

Vollwalmdach – Nach allen vier Seiten eines Gebäudes abgeschrägte Dachflächen. Ohne First: auch Zeltdach (Kärnten, Krappfeld). Mit kurzem First: Vierplattlerdach (Hausruckdach, Oberösterreich).

W

Walmdach – Auf allen vier Seiten geneigtes Dach.

Wettkopf – Vorstehende Balkenköpfe im Blockbau.

Windbrett, Windladen – Schutzbretter an der Giebelkante, oft mit Giebelzier versehen; wurde bei Strohdächern gegen störenden Einfluss des Windes angebracht.

Z

Zeltdach – Ein nach allen vier Seiten gleichmäßig abgeschrägtes Dach. Setzt in der Regel einen quadratischen Grundriss voraus (Zeltdächer im Krappfeld, Kärnten).

Fachauskünfte

Präsidentenkonferenz der Landwirtschaftskammern Österreichs
1014 Wien, Löwelstraße 16
Tel. 0043/(0)1-534 41-0
Fax 0043/(0)1-534 41-85 20
und sämtliche Landwirtschaftskammern

pro Holz Austria
Arbeitsgemeinschaft der Österr. Holzwirtschaft
1011 Wien, Uraniastraße 4
Tel. 0043/(0)1-712 04 74-31
Fax 0043/(0)1-713 10 18

Österreichisches Kuratorium für Landtechnik und Landentwicklung
1040 Wien, Gußhausstraße 6
Tel. 0043/(0)1-505 18 91
Fax 0043/(0)1-505 18 91-16

Bundesinnung der Zimmermeister
1040 Wien, Schaumburgergasse 20/6
Tel. 0043/(0)1-505 69 60
Fax 0043/(0)1-505 69 60-240
und sämtliche Landesinnungen der Zimmermeister

Bundesinnung der Tischler
1045 Wien, Wiedner Hauptstraße 63, Postfach 353
Tel. 0043/(0)1-90900 3234
Fax 0043/(0)1-90900 291
und sämtliche Landesinnungen der Tischler

Literaturverzeichnis

Andree Eysn, Marie, „Hag und Zaun im Herzogtum Salzburg", z. Ö. VK , April 1988

„Das Bauernhaus in Österreich-Ungarn", Öst. Ingenieur- und Architektenverein, Wien/Dresden 1901–1906

Brandstätter, Christian/Schaumberger, Hans, „Tore, Giebel, Fenster", Wien 1980

Conrad, Kurt, „Führer durch das Salzburger Freilichtmuseum", Salzburg 1984

Dachs, Herbert, „Das gefährdete Dorf", Salzburg/Wien 1992

Deininger, Johann, „Das Bauernhaus in Tirol und Vorarlberg", München 1979

Dehio, „Handbücher der Kunstdenkmäler Österreichs", Wien, Burgenland, Niederösterreich-Nord, Oberösterreich, Salzburg, Steiermark, Tirol, Vorarlberg, alle 1980–1990

Eberhart, H./Hänsel, V./Pöttler, B., „Bewährtes bewahren, Neues gestalten", Festschrift für V. H. Pöttler, Liezen 1994

Eberhart, H./Hänsel, V./Jontes, G./Katschnig, E., „Bauen – Wohnen – Gestalten", Trautenfels 1984

Frick, Anton, „Alte Kärtner Bauernhäuser", Innsbruck 1987

Frick, Anton/Haberl, Michael/Neuwirt, Holger, Steiermark „Alte Bauernhöfe", Innsbruck 1992

Haid, Hans, „Vom alten Leben", Wien 1986

Handbuch der Sach- und Fachbegriffe, Kärntner Freilichtmuseen, Maria Saal 1985

Heckl, Rudolf, „Oberösterreichische Baufibel", Salzburg 1949

Hubmann, Franz, „Land und Leute", Wien 1979

Jerney, Winfried, „Alte Salzburger Bauernhäuser", Berwang/Tirol 1987

Jeschke, Hans Peter, Projektgruppe Raumordnung, „Bauernhöfe erhalten, neu gestalten", Oberösterreichische Raiffeisenzentralkasse, Serie von 10 Heften ab 1984

Kislinger, Max, „Bauernherrlichkeit", „Alte bäuerliche Kunst", Linz 1976

Klöckner, Karl, „Der Blockbau", München 1982

Kräftner, Johann, „Österreichische Bauernhäuser", Innsbruck 1984

Kräftner, Johann, „Naive Architektur II“, St. Pölten/Wien 1987

Krebitz, Hans, „Zurück zum Bauernhaus“, Klagenfurt 1985

Kriechbaum, Eduard, „Das Bauernhaus in Oberösterreich“, Stuttgart 1933

Landtechnische Schriftenreihe ÖKL Wien, Einschlägige Themen, siehe Verlagsverzeichnis 1999

Langschwert, G., „Wohnen im ländl. Raum“, LTS Nr. 195, ÖKL, Wien 1994

Lipp, Franz, „Oberösterreichische Stuben“, Linz 1966

Luger, Ilse, „Lebende Tradition“, Das bäuerliche Wohnhaus in OÖ., Linz 1981

Lukas, Elfi, „Heimatliches Bauen“, Fachwörterbuch, St. Peter ob Judenburg 1993

Milan, Wolfgang/Schickhofer, Günther, „Bauernhäuser in Österreich“, Graz 1992

Milan, Wolfgang, Österreichische Hausformen, Dia-Serie der Bundesstaatlichen Hauptstelle für Bildungsfilm, Wien 1988

Milan/Schickhofer/Spiegler/ÖKL, „Dorflandschaft“, Alte und neue Dorfbilder aus Österreich, Klosterneuburg 1997

Milan, Wolfgang, ÖKL-ALR Studienblatt Nr. 3: „Der Holzzaun in der österr. Kulturlandschaft“, Wien 1993; ÖKL-ALR Studienblatt Nr. 4: „Elemente traditioneller bäuerlicher Holzarchitektur in Österreich“, Wien 1995

Mooslechner, Walter, „Winterholz“, Salzburg/München 1998

Moser, Oskar, „Handbuch der Sach- und Fachbegriffe“, Maria Saal 1985

Moser, Oskar, „Bauernhaus in Kärnten“, Klagenfurt 1974

„Niederösterreich schön erhalten – schöner gestalten“, Broschürenserie des Amtes der NÖ Landesregierung, St. Pölten, 6 x jährlich

Niederösterreichischer Bauernbundkalender: Troadkästen, Speicher, Wien 1988; Zeitlose Schönheit, Holz als Baustoff im Bauernhaus, Wien 1989; Über die Zerstörung der Bauernhäuser, Wien 1987; Kellergassen, Preßhäuser, Stöckl, Wien 1990

Österreichische Bauernhöfe, Quartett, Wien 1986

ÖKL-Arbeitsgruppe, „Ländliche Streusiedlung und Zersiedelung, Probleme der Ent- und Zersiedelung“, Wien 1984

ÖKL-Landtechnische Schriftenreihe, „Landwirtschaftliche Betriebsgebäude aus Holz“, Schickhofer G., Wien 1998

Pleterski, Friederun, „Ein Haus ist mehr als ein Dach über dem Kopf“, Wien/München/Zürich 1981

Pohler, Alfred, „Alte Tiroler Bauernhäuser“, Innsbruck 1984

Pöttler, Herbert, „Alte Volksarchitektur“, Graz 1975

Präsidentenkonferenz der Landwirtschaftskammern: Broschüre: „Rundholzverwendung anhand v. Beispielen“, Schickhofer u. a., Wien 1994

Pro Holz – Holzinformation für Österreich, „Holz für Haus und Hof – Landwirtschaftliche Nutzgebäude“, Wien 1994

Pro Holz – Holzinformation für Österreich, „Häuser aus Holz, Balkone aus Holz, Türen aus Holz, Fenster aus Holz“, Wien 1990 – fortlaufende Broschürenserie

Samitz, Hans, „Kärtner Bildstöcke“, Klagenfurt 1978

Schachel, Roland/Kräftner, Johann, „Baugesinnung in Niederösterreich“, Wien 1977

Schafhuber, Dora/Doppelhofer, Linde, „Wohnen und Bauen“, Graz 1996

Schalk, Eva Maria, „Die Mühlen im Lande Salzburg“, Salzburg 1986

Schickhofer, G./Schoberwalter, J./Kaufmann, F., „Umgebaute Bauernhäuser“, Beispiele aus dem Burgenland und der Steiermark, Band 4, ÖKL – Wohnbauforschungsarbeit, Wien 1987

Schickhofer, G., u. Mitarbeiter: ÖKL – Wohnbauforschungsreihe, „Umgebaute Bauernhäuser“, Band 1–5 (Beispiele aus allen Bundesländern), Wien 1983

Schinnerl, Heimo, „Bauernmuseen in Österreich“, Klosterneuburg 1998

Senft, Hilde und Willi, „Unsere Almen“, Graz 1986

Simeaner, Eva (Red.), Die schönsten Almwanderungen in Tirol, Innsbruck 1998

Simon, Franz, „Bäuerliche Bauten im Südburgenland“, Oberschützen 1974

Sotriffer, Kristian, „Domus Alpina“, Bauformen und Hauslandschaften im Alpenbereich, Wien 1982

Spiegler, Arthur, „Kulturlandschaft – Das begehbare Buch Österreichs“, Klosterneuburg/Wien 1995

Strohmeir, Fred/Mayer, Kurt, „Die Erde lebt“ – ORF-Universum, Graz 1993

Swoboda, Otto, „Alte Holzbaukunst“, Salzburg 1975–1986 (3 Bände)

Zwerger, Otto, „Das Holz und seine Verbindungen“, Basel 1997